Willibert Pauels

Unseren täglichen Trost gib uns heute

Der Autor

Willibert Pauels alias »Ne Bergische Jung«, geb. 1954, ist ein kölsches Original, Büttenredner, Kabarettist und katholischer Diakon. Er schreibt als Kolumnist für den Bergischen Boten und ist regelmäßig mit seinem »Wort zum Samstag« im Kölner Domradio zu hören. Sein erstes Buch ist erschienen, nachdem er seine Erkrankung an Depression öffentlich gemacht hatte.

Willibert Pauels

Unseren täglichen Trost gib uns heute

Hoffnungsgeschichten vom frommen Jeck

HERDER

FREIBURG · BASEL · WIEN

Die Bibeltexte sind entnommen aus:
Die Bibel. Neu in Sprache gefasst von Jörg Zink, mit Bildern aus
der modernen Kunst ausgewählt und erschlossen von Hermann-
Josef Frisch. Durchgesehene Ausgabe der 2008 erstmals erschiene-
nen Neubearbeitung, Herder 2017.

Satz: ZeroSoft SRL, Timisoara
Herstellung: GGP Media GmbH, Pößneck

Umschlaggestaltung: Verlag Herder
Abbildung auf der hinteren Umschlagseite: © Nadine Rexwinkel

Printed in Germany

ISBN Print 978-3-451-38858-3
ISBN E-Book 978-3-451-82238-4

Für meine lieben Verwandten in Belgien,
für Heinz Baumeister
und für meine Irene

Die Bibel sagt:

> *Und wir werden beim Reigentanz singen:*
> *All meine Quellen entspringen in dir.*

Reinhard Mey singt:

> *Alles ist gut.*

Inhalt

Vorwort

Liebe Leserin, lieber Leser,

Religionen sind zu schonen,
sie sind für Moral gemacht.

Ich finde ihn großartig, den Grönemeyer! Er singt diesen Vers
im Lied *Stück vom Himmel*, ein wunderschöner Song. Obwohl:
Was er da singt, ist völlig falsch.

Religionen sind nicht für Moral gemacht.

Das möchte ich Ihnen gerne erklären, denn allzu viele sehen das so wie Herbert Grönemeyer. Und damit kommen Sie,
liebe Leserin, lieber Leser, auch gleich zu dem, was ich Ihnen
in diesem Buch erzählen möchte: Wofür sind Religionen gemacht?

Sie sind gemacht *für* Sie. Nicht *gegen* Sie. Wenn Religionen
im Kern für die Aufrechterhaltung der Moral im privaten Bereich jedes Menschen und im öffentlichen Bereich der Gesellschaften zuständig wären, ihre Botschaft also vor allem aus
Sätzen bestünde, die mit »Du sollst« beginnen, wenn diese
Gebote und Gesetze zu ihrer Durchsetzung auch noch mit
Verdammnis und Höllenstrafen, dem teilweisen oder kom-
pletten Liebesentzug der Götter verbunden wären, dann würde der Glaube der Menschen zu einer psychischen Krankheit,
pathologisch, und in den Gesellschaften würde er zum Feind
von Freiheit und Selbstbestimmung. Dann kommandiert da

oben einer (oder mehrere), und die unten müssen kuschen und Angst haben. Denn niemand liegt moralisch immer hundertprozentig richtig. Fehler in Gewissensentscheidungen oder unbefragte Gewissen, Vergehen gegen das Gute, Schlimmes und Böses kommen vor. Wir hätten unter so einem Himmel nichts zu lachen.

Bitte erwarten Sie kein Buch von mir, in dem es nichts zu lachen gibt! *Weil* ich religiös bin, lache ich gerne und bringe auch immer wieder andere Menschen zum Lachen.

Wie kommt Grönemeyer dann auf diesen Vers? Na ja. Vielleicht hat er wie sehr viele Menschen aus dem Religionsunterricht die Geschichte besonders gut in Erinnerung, in der Gott dem Mose auf steinernen Tafeln die Zehn Gebote gibt. Die beginnen ja klassischerweise alle mit »Du sollst«. Eventuell hat er auch den Satz, mit dem Gott die Zehn Gebote einleitet, vergessen. Oder man hat dem kleinen Grönemeyer diesen wichtigen Satz gar nicht mitgeteilt, nur die Gebote, nur »Du sollst«. Noch heute gibt es Internetseiten der beiden großen Kirchen, darauf stehen die Zehn Gebote ohne diesen einen, eminent bedeutsamen Satz am Anfang, ohne den die Gebote nur wie der Macht- und Moralanspruch eines obersten Befehlshabers rüberkommen. Der Satz lautet: »Ich bin der Herr, dein Gott, der dich aus Ägypten geführt hat, aus dem Hause der Knechtschaft.« Dieser Satz ist ungeheuer wichtig. Denn bevor Gott Gebote aufzählt, Richtlinien für ein gutes Zusammenleben, erinnert er an den wahren Grund seines Sprechens und an das, was ihn mit den Menschen im Volk Israel wirklich verbindet: Er hat sie in die FREIHEIT geführt!

Natürlich, Freiheit bedarf der Gestaltung. Dabei kann einiges schiefgehen. Es braucht Orientierung. Es braucht auch Grenzen der persönlichen Freiheit zugunsten der Freiheit und des Wohlergehens aller anderen. Genauso muss es die Garantie persönlicher Freiheit gegenüber den Ansprüchen der anderen sowie der staatlichen und religiösen Institutionen, der wirtschaftlichen und gesellschaftlichen Mächte geben. Sonst endet Freiheit sehr bald in Kämpfen und Unterdrückung. Deshalb, und nur deshalb enthält Religion *auch* Orientierung und Moral. Gottes Gebote bewahren vor Bruderkrieg und Tyrannei, sie sind auch Garanten der Freiheit. Denn vor allem ist über Gott dieses zu sagen: Er führte mich heraus in die Weite (Psalm 18)!

Wenn ich an Herbert Grönemeyer und seinen Vers, an viele gläubige wie ungläubige Menschen denke, die ich kennenlernte, hat sich in ihnen sehr oft und tief festgesetzt, Religion zuerst mit Ge- und Verboten zu verbinden, mit Moral, und sehr oft mit dem Gegenteil von Freiheit. Sie erinnern sich an den Unterricht vor der Erstkommunion und die Vorbereitung auf die erste Beichte: Da gab es, als Beicht- oder Gewissensspiegel, lange Listen von Sünden, die man begangen haben könnte. Wenn sie bald darauf in die Pubertät kamen, war alles »unkeusch«; das schlechte Gewissen war also für gläubige Jungen und Mädchen fest gepachtet, denn »unkeusche Gedanken« stellten sich sowieso täglich ein, anderes auch noch. Und vor der Ehe … Und in der Ehe …

Dass Moral sein muss, ihre Vorzüge hat und ihre Unverzichtbarkeit im Zusammenleben, das schwingt in Grönemeyers Vers ja mächtig mit. Der Mann hat in allen seinen Liedern ein tolles Gespür für das, was die Menschen bewegt, was sie einsam werden lässt und was sie zusammenbringt, was Leben und Liebe vereiteln kann oder gelingen lässt. Die »Ordnungskraft« der Religion, die Grönemeyer anerkennt – »Religionen sind zu schonen …« –, wird ja von vielen geschätzt. Sollte denn jeder Mensch ganz von vorn anfangen, um für sich herauszufinden, was richtig und falsch, gut und böse ist?

Erstens erinnerte das an das völlig antiautoritär erzogene Kind, das fragt: »Mama, was soll ich spielen? Oder muss ich wieder machen, was ich will?« Und zweitens: Mein Leben, Ihres auch, wäre viel zu kurz, um das über Jahrtausende in den Lehren der Religionen komprimierte Lebens- und Orientierungswissen, ihren moralischen Kompass, durch eigene Erfahrungen und Reflexionen aufzuholen. Der Schaden in so einem »trial-and-error«-Prozess wäre für mich und für die Mitmenschen immens!

Gregor Gysi hat mal den verblüffenden Satz gesagt: »Ich bin zwar Atheist, aber dennoch fürchte ich eine gottlose Welt.« Meint er eine »unmoralische Welt«? Eine, in der die Zehn Gebote, das »Nicht morden sollst du!« und die gegenseitige Verantwortung füreinander, der moralische Kompass nicht mehr gelten? Klar, das wäre eine schlimme Welt. Nur vermute ich, besonders wenn ich an meine atheistischen Freunde denke, eine Welt ohne Religion wäre nicht unbedingt eine Welt ohne Moral. Das beweisen viele Ungläubige Tag für Tag mit ihrem Verhalten, ihrer Solidarität, ihrer gelebten Liebe zu den Nächsten und den Fernen. Oder auch nicht. Noch einmal sei gesagt: Religionen sind nicht für Moral gemacht.

Sie, liebe Leserin, lieber Leser, haben bemerkt: Ich habe natürlich nichts gegen Moral, im Gegenteil. Schon gar nichts gegen Religion. Ich habe aber etwas gegen Religionen und deren Organisationen, wenn sie *vor allem* Moral predigen, wenn sie Angst machen und als oberste Moralwächter ge- und missbraucht werden. Wenn sie die fremde Rede von Gott restlos in moralische Orientierung übersetzen, wie Jürgen Habermas sagte.

Nun könnte man sagen, das ist sowieso Vergangenheit. Kinder werden heute in der Kirche nicht mehr mit der Angst vor Höllenstrafen in Beichtstühle getrieben, sie erfahren –

hoffentlich überall – eine Einladung zum Gespräch und zur Versöhnung mit sich selbst, mit anderen und mit Gott, einen Schub in ihrer Persönlichkeitsentwicklung, eine realistische, gleichwohl fröhliche Begegnung mit dem Leben, wie es nun mal ist, mit Licht- und mit Schattenseiten. Und was die Sexualität Pubertierender und Erwachsener angeht: Die meisten haben zumindest verstanden, dass für sie Freiheit und Liebe, am besten als Kombination, die wesentliche Richtschnur sind. Wenn sie gläubig sind, wissen sie hoffentlich auch, dass der liebe Gott schon aus Prinzip nichts gegen Freiheit und Liebe hat, dass er ihnen aber auch einen Verstand und ein Gewissen für Verantwortung gegeben hat. Also: Ist die moralische Anstalt Kirche ein Problem von gestern?

Ich fürchte: im Gegenteil. Die Zehn Gebote ändern sich natürlich nicht. Sie erfahren allerdings in ihrer Verkündigung und Wahrnehmung schon mal Akzentverschiebungen. In der Friedensbewegung der 1980er-Jahre stand das »Nicht morden sollst du!«, das fünfte Gebot, ganz obenan. Vorher hatte das sechste Gebot, »Nicht ehebrechen sollst du!«, in all seinen Auffächerungen zum Thema Sexualität für allzu lange Zeit Hochkonjunktur. Seit einiger Zeit geht es aber sehr oft um ein anderes Thema.

Wir werden zurzeit mit Moral regelrecht zugeschüttet. Junge Leute ziehen – darin mittelalterlichen Untergangspredigern nicht unähnlich – Freitag für Freitag durch die Straßen und verkünden: »Das Ende ist nahe!« Nur noch abzuwenden durch strenge Askese und Umkehr. Es versteht sich von selbst, dass ich die bewundernswerte Energie von Greta Thunberg und ihren Jüngerinnen und Jüngern nicht arrogant kritisieren will. Nein! Ich ziehe meinen Hut davor. Nur, mit dieser Moralinstanz *können* die Kirchen gar nicht konkurrieren – und *sollten* es auch nicht! Aber viele ihrer Repräsentanten hängen sich da gerne dran. Ich werde nie ein Bild vergessen, welches in mir ein sublimes Fremdschämen ausgelöst hat:

Es war die Zeit der großen Proteste gegen die Castor-Transporte. Ein Magazin druckte zu seiner Reportage ein Foto: Hinter einem langen Zug von Aktivisten lief ganz am Ende eine Person, die wohl fast den Anschluss verpasst hatte. Es war ein evangelischer Pfarrer, Talar und Bäffchen wehten im Wind. In der Hand ein Demoschild: »Pastor gegen Castor«. Nun bitte ich mir zu glauben, dass ich politisches Engagement der Kirchen nicht ablehne, oft ist es notwendig. Aber zu oft habe ich den Eindruck, dass sich hinter dem kirchlichen »Zeichensetzen« bei Mainstream-Themen die verzweifelte Angst verbirgt, nicht ganz vorn mitzuspielen, also wie der Pastor hinterherzulaufen.

Dies ist mein Appell: Niemals darf der Eindruck entstehen, dieses oder jenes politische Engagement sei die Kernbotschaft der Religion. Das wäre so falsch, wie im Namen Gottes jede sexuelle Regung des Menschen außer der ehelichen Kinderzeugung als höllenwürdig zu verdammen. Dass in der christlichen Religion die »Umwelt« als gute, dem Menschen anvertraute Schöpfung Gottes verstanden wird, dass die Verantwortung für die Erhaltung der Schöpfung als Heimstatt für alle Menschen und Lebewesen deshalb ein christliches Anliegen ist, dass sich Christen in den Umweltbewegungen engagieren sollen: alles klar! Auch Papst Franziskus setzt sich für die Abwendung der Klimakatastrophe ein. Bei ihm weiß aber jeder, dass seine zentrale Botschaft eine andere ist, nämlich die Zuwendung Gottes zum Menschen durch Jesus Christus, und dass die Themen Frieden, Gerechtigkeit und Bewahrung der Schöpfung aus dieser »Urbotschaft« fließen und sich daran messen lassen müssen.

Fridays for Future, Greenpeace, BUND und wie sie alle heißen: gut, dass es sie im Spektrum der Gesellschaft gibt. Sie treten für ihre Sachen ein, sie nutzen die demokratische Freiheit, sie predigen Umweltmoral. Sie sind Kämpfer für die Schöpfung. Das ist ihre zentrale Aufgabe! Die zentrale Aufgabe der Kirche ist es nicht.

Was aber ist das Eigentliche unserer Botschaft?

Weniger der Castor-Behälter, mehr der heilige Kastor von Koblenz. Nein, ich will mich nicht regressiv in rührende Heiligenlegenden verkriechen, sondern die zentrale Frage stellen: Wie konnten der Heilige Kastor und unzählige andere voller Hoffnung und innerer Freiheit leben und handeln? Der Folter und dem Tod entgegentreten? Maximilian Kolbe, Alfred Delp und Dietrich Bonhoeffer: Aus welcher Quelle schöpften sie ihre Kraft? Woher nahmen sie ihre Hoffnung wider alle Hoffnung? Das ist die Frage, an der alle hinreißend engagierten gesellschaftlichen Bewegungen an ihre Grenzen kommen. So sehr die jungen Rufer in der Wüste unseres Wohlstands und Konsums recht haben und so unterstützenswert ihr Kampf für den Schutz unseres Planeten ist, der Ruf »Rettet unsere Erde« ist dann doch ein Selbstbetrug. Er ist zwar weitsichtiger als das Verhalten derer, die für das kurzfristige Geschäft die Erde zerstören, aber er ist kurzsichtig im Blick auf das, was die Erde mit Sicherheit langfristig zu erwarten hat: Irgendwann werden unser Planet, unsere Sonne, ja unsere Galaxie im Schwarzen Loch des Sternentodes verschwinden. So wie jeder von uns dem Untergang seines eigenen Lebens entgegengeht.

Joseph Ratzinger hat das so formuliert: »Jeder will, dass etwas bleibt. Aber was bleibt? Nicht die Gebäude und nicht die Bücher, nicht der Besitz und auch nicht die Welt. Irgendwann wird alles – wirklich alles, auch wir selbst – im Nichts verschwinden.«

Und ähnlich, aber aus einer ganz anderen Ecke: Marcel Reich-Ranicki hat das literarische Werk des atheistischen österreichischen Schriftstellers Thomas Bernhard in einem Satz zusammengefasst: »Das Leben ist nichts anderes als die Einleitung des Todes – und angesichts dieses Todes hat alles keinen Sinn.«

Darum also geht es:

Was ist der Sinn angesichts des sicheren Todes und des Nichts?

Oder gibt es keinen?

Ich meine nicht irgendeine philosophische Erklärung und nicht einmal ein religiöses Konstrukt, dem Sie oder ich »theoretisch« zustimmen oder eben nicht. Ich meine konkret dieses: Was lässt mich und andere *trotzdem* lachen? Was ist mit den Millionen von Geschöpfen, die niemals einen Hauch von Glück erfahren durften und schon im »Nichts« verschwunden sind; sind sie zu vergessen? Was lässt mich leben, wenn all mein Engagement letztlich doch vergebens ist? Wenn Dietrich Bonhoeffer und Millionen andere in der bösartigen Übermacht der Nazis untergehen? Wenn Leben sich in Rauch auflöst? Was ist, wenn die Umweltbewegung den Wahnsinn des Klimawandels nicht aufhalten kann? Wenn wir auf Bildschirmen zusehen, wie Flüchtlingskinder im Meer ertrinken? Oder ein unsichtbares Coronavirus – das ist der Stand beim Schreiben dieses Vorwortes – bei uns zwar einigermaßen in seinen verheerenden Wirkungen gezügelt werden kann, aber vermutlich in anderen Weltregionen vor allem die Ärmsten, die Schwachen und die Alten tötet?

Von Fridays for Future oder Greenpeace erwarte ich auf diese Fragen keine Antwort. Wie sollten sie auch? Das ist nicht ihre Sache – und sie sollten alle Zeit und Kraft für ihre Anliegen einsetzen können. Von der Religion aber erwarte ich die Antwort! *Dafür ist sie gemacht!* Andernfalls hätte die

Religion mir auch sonst nichts mehr zu sagen, schon gar nicht über Umweltschutz, Castor und Moral.

Denn: Religion sagt, in verschiedenen Formulierungen und mit unterschiedlichen Wörtern, dasselbe: »Du, Mensch, hast eine Seele, einmalig, kostbar und unsterblich. Du, Mensch, bist viel mehr als nur ein biochemisches Zellagglomerat. In dir ist etwas Unzerstörbares. Du trägst in dir den ›Odem Gottes‹. Etwas, das nicht kaputtgeht. Das bleibt und lebt und dich lieben lässt.«

Joseph Ratzinger führte seinen oben zitierten Satz über das »Alles«, das im »Nichts« verschwindet, nämlich weiter: »Das Einzige, was bleibt, ist die menschliche Seele. Deshalb ist das, was von uns bleibt, das, was wir in die Seelen der Menschen hineingelegt haben: die Erkenntnis, die Liebe, das Wort, das die Seele berührt und öffnet zur Freude.«

Das ist unsere zentrale Botschaft!

Nicht ohne einen gewissen Stolz erlebte ich, wie der bekannte, scharfzüngige, mit einem hinreißenden Humor gesegnete Kabarettist Jürgen Becker mich bei einer Podiumsdiskussion in kölnischem Dialekt – richtig heißt das: op Kölsch – zitierte: »Der Bergische Jung sacht ja immer: Dat innerste Wesen von Religion ist nicht Moral, sondern Trost.«

Prost!

Trost, der Tränen trocknet. Und Trost, der irgendwann bestimmt wieder lachen lässt. Trost in der Seele, damit sie lieben kann und sich freuen: Religion.

In diesem Buch, liebe Leserin, lieber Leser, geht es also um diesen Trost. Um Zuspruch für unsere Seelen.

12 Stunden hat der Tag. 12 Stunden die Nacht. 12 Monate das Jahr. 12 Stämme hat das Volk Israel. 12 Apostel wählte Jesus. 12 Tore führen in das himmlische Jerusalem. Und 12 Geschichten des Trostes führen durch dieses Buch.

Die erzähle ich Ihnen, und zwischendurch ein bisschen was zu ihrem Hintergrund, auch was zum Lachen. Dazu gibt es – in der wunderbaren Übertragung ins Deutsche von Jörg Zink – auch kleine poetische Texte aus der Bibel, die gewissermaßen den Grund bilden. Alles Erzählte sind menschliche Geschichten: Sie geschehen zwischen uns. Manchmal traurig. Nie ohne Trost. Erzählt wird in Ihre Seele.

Es wird zu viel geglaubt
Zu wenig erzählt
Es sind Geschichten
Sie einen diese Welt
Nöte, Legenden, Schicksale, Leben und Tod
Glückliche Enden, Lust und Trost
Ein Stück vom Himmel*

Großartig, der Grönemeyer!
Finden Sie nicht auch?

Ihr
Willibert Pauels

Die Bibel sagt:

Kommt her zu mir, die ihr müde seid
und ermattet von übermäßiger Last!
Aufatmen sollt ihr und frei sein.

Matthäus 11,28

---

* Für dieses und das Zitat auf S. 9: »Stück vom Himmel«, Musik: Herbert Grönemeyer, Text: Herbert Grönemeyer. Mit freundlicher Genehmigung von: Grönland Musikverlag.

Erste Geschichte:
Wie ein Musiker aus Siegburg und eine Horror-geschichte aus uralten Zeiten meine Angst besiegten

Zwischen Bonn und Köln, rechtsrheinisch, liegt in der Nähe der Siegmündung die alte Stadt Siegburg. Man sieht von Weitem auf einem Berg eine Kirche mit Kloster thronen, mitten in der Stadt. Heute ist in der ehemaligen Benediktinerabtei das Katholisch-Soziale Institut des Erzbistums Köln untergebracht, und nebenan lebt in einem Gebäude eine klösterliche Gemeinschaft des Ordens der Unbeschuhten Karmeliten. Dieser Blick auf die Kirche hoch über der Stadt gehörte zum Alltag der beiden berühmten Musiker von Siegburg, neben Engelbert Humperdinck ist das Joseph (Hermann) Mohr, ein Jesuit und Priester. Er darf nicht verwechselt werden mit dem Joseph (Franz) Mohr, auch ein Priester, aber aus Salzburg, der den weihnachtlichen Dauerbrenner *Stille Nacht, heilige Nacht* dichtete. Der Siegburger Mohr schrieb einen anderen katholischen Schlager: *Ein Haus voll Glorie schauet weit über alle Land.* Der ursprüngliche Text enthielt in seinen sieben Strophen auch ein paar schaurig-blutige Kampfverse des Katholizismus, denn er ist 1875, in der Zeit des bismarckschen Kulturkampfes, geschrieben worden. Mohr musste als Jesuit wegen der politisch-religiösen Auseinandersetzungen Deutschland verlassen. Im Dritten Reich wurde seine Dichtung als »Anti-Horst-Wessel-Lied« übrigens noch einmal zum Kampflied treuer Katholiken. Schon seit einer Reihe von Jahren wird in den katholischen Gottesdiensten nur noch die erste Strophe des Textes von Mohr gesungen, vier weitere Strophen hat Hans W. Marx unblutig, harmlos und ökumenisch friedlich in den 1970er-Jahren neu gedichtet.

Was aber ist geblieben? Nichts anderes als jener Blick aus dem Fenster hinauf zum Michelsberg. Wenn eine katholische Gemeinde heute *Ein Haus voll Glorie schauet* schmettert, besingt sie die Kirche auf diesem Berg, die sich über Stadt und Land an der Sieg erhebt.

Die Geschichte, die ich erzählen möchte, hat mit dem anderen berühmten Siegburger zu tun, mit Engelbert Humperdinck, der 1854 in dem Städtchen geboren wurde, übrigens im selben Haus wie Joseph Mohr. Er hat viele schöne Melodien und Musikstücke komponiert. Berühmt ist er aber wegen einer einzigen Oper aus seiner Hand, die fast nur in der Weihnachtszeit aufgeführt wird. Denn sie hat ein Kindermärchen als Stoff, und Weihnachtszeit ist Kinderzeit.

Was hat diese Oper *Hänsel und Gretel* mit meiner Angst zu tun? Nun, ich war ein Kind. Eines Tages kam mein Vater zu mir und sagte: »Willibert, ich habe eine Überraschung für dich: Du darfst mit in die Oper.« Um Gottes willen, dachte ich, muss das sein?! Oper ist doch langweilig. Ich kannte natürlich als Kind nur Opern, die für mich völlig unverständlich waren, mit ewig langer Musik, die nichts mit Kinderliedern und mit Schlagern gemein hatte, und dem stundenlangen, für meine Ohren jaulenden Gesang von Frauen und Männern. Das wusste ich aus dem Fernsehen. Nix für mich. Mein Vater beruhigte mich: So eine Oper ist das nicht, das ist ein Singspiel besonders für Kinder, und, stell dir vor, sie wird an der Schule aufgeführt, in die deine große Schwester geht. Das war Margarethe, von allen nur Peggy genannt. Mehr oder weniger widerwillig ließ ich mich überreden. Wenn schon die Schülerinnen – Peggy ging auf das Mädchengymnasium der Ursulinen in Wipperfürth – eine Oper einstudiert hatten, und Eltern, Großeltern und Geschwister eingeladen sind, na gut, dann gehe ich halt mit und sehe mir das mal an. Aber mein Widerwille war nicht erloschen. Übrigens musste für die Rolle des Vaters in *Hänsel und Gretel* doch ein Mann aus dem nicht weit entfernten Jungengymnasium, das ich später besuchen sollte, ausgeliehen werden, aus dem Engelbert-von-Berg-Gymnasium in Wipperfürth.

Als es dann losging mit der Oper, waren meine Ablehnung und die befürchtete Langeweile im Nu verschwunden. Ich ließ mich unmittelbar verzaubern: von der Musik, der Märchen-bühne und dem Märchenstoff. Natürlich empfand ich sofort Empathie mit den armen Kindern, die im Wald verloren ge-hen, spürte ihre Angst in der Dunkelheit, die die singenden und spielenden Mädchen auf der Bühne zum Ausdruck brach-ten. Dieses Mit-Empfinden hat die Musik des Engelbert Hum-perdinck hervorgerufen und verstärkt. Was die Kinder auf der Bühne erlebten, erlebte ich in diesem Augenblick genauso! Ich hatte mit ihnen und wie sie Angst. Schon als Kind wurde ich oft von Ängsten gejagt, was später, in der Depression, übermäch-tig wurde. Ich durfte in einer Therapie lernen, diese Angst ein-zuordnen und einzuhegen. In der dunklen Schulaula ging also auch ich verloren durch den Wald, spürte die beklemmende Angst des Alleinseins, die erstickende Furcht, keinen Heim-weg zu wissen, und diese Angst hatte mich im Griff.

Dann kam der erlösende Satz von der Bühne, aus dem Mund der älteren Schwester Gretel (oder war es meine ältere Schwester Margarethe?): Hab keine Angst, Hänsel! Weißt du, was wir jetzt tun? Wir beten. Denn auch wenn es so aussieht: Wir sind nicht allein. Der liebe Gott ist bei uns.

Und kaum dass sie das gesagt hatte, senkten sich wie eine schützende Hülle die Musik und die Worte des kindlichen Gebets über die Kinder im Wald und über mich. Es war die Erfahrung einer großen Kraft, die sich um die Kinder auf der Bühne und um mich kümmerte, uns beschützte, in ihrer Stärke barg wie ein mächtiger Zauber gegen die Angst:

Abends, will ich schlafen gehn,
vierzehn Engel um mich stehn,
zwei zu meinen Häupten,
zwei zu meinen Füßen,
zwei zu meiner Rechten,
zwei zu meiner Linken,
zweie, die mich decken,
zweie, die mich wecken,
zweie, die mich weisen
zu Himmels Paradeisen.

Mit einem Schlag hatte ich als Kind erfasst, was der tiefste Grund und der Sinn von Religion ist: Trost. Als Bollwerk gegen die Angst. Trost, der mich und jeden, der sich ihm übergibt, bewahrt vor dem Strudel der Panik, der in den Abgrund reißt. Natürlich war das keine akademisch-analysierende Erkenntnis, sondern ein tiefes Gefühl. Dieses Erlebnis einer schon körperlich-seelischen Erfahrung war mir äußerst deutlich, unlösbar verbunden mit der berührenden Musik des rheinischen Komponisten und einem uralten Märchen. Ich konnte immer wieder, auch in schlimmen Phasen, Zuflucht darin finden. Eigentlich erzählt das Märchen ja eine Horrorgeschichte mit Kannibalismus und allem Bösen drum und dran. Das Leben, ob Krieg oder Hunger, Krankheit an Körper oder Seele, enthält oft diesen Horror. Und es hält in der gelungenen Religion den Trost bereit, um die Waage deiner Seele gegen alles, das nach unten zieht, wieder ins Gleichgewicht zu bringen. Die Gegenmacht zu all dem Abgründigen ist Zuversicht, Vertrauen und Liebe. Das Märchen und Humperdincks Musik legten in mir den Grund und den zur Blüte aufbrechenden Samen: Echte Religiosität bedeutet großen, mich bergenden Trost.

Die Bibel sagt:

Gott ist mein Hirte,
mir wird nichts mangeln.
Er weidet mich auf einer grünen Aue
und führt mich zum frischen Wasser.

Er erquickt meine Seele.
Mein Weg ist ohne Gefahr,
denn er selbst ist es,
der mich leitet.

Und wanderte ich im finstern Tal,
fürchte ich kein Unheil,
denn du bist bei mir.
Du gibst mir Frieden.

Du deckst meinen Tisch
in deinem Haus,
in das kein Feind mir folgt,
keine Schuld und kein Fluch.

Du machst meine Seele rein
und schmückst mich festlich.
Der Becher, den ich trinke,
fließt über von erfrischendem Trank.

Mit Güte und Freundlichkeit
umgibt mich Gott, solange ich lebe,
und ich habe Wohnrecht in seinem Haus,
jetzt und in Ewigkeit.

Psalm 23

Zwischenstück: Aus der Eifel

Rau weht der Wind auf den Höhen der Eifel, zerrt an Kleidern und Rucksack des einsamen Wanderers. Die niedrigen Sträucher und verkrüppelten Bäume des Hohen Venn bieten ihm keinen Schutz. Dennoch ist sein Schritt federnd, sein Blick wach und voller jugendlichen Elans. Er wandert bis zum Dorf Kalterherberg, um von dort mit der Kleinbahn über Aachen ins Rheinland zu fahren. Da, hat er gehört, gibt es reichlich Arbeit und damit ein Versprechen auf Zukunft für einen jungen Mann von einem Bauernhof aus der armen Region der Eifel, aus der Gegend um Sankt Vith, damals Teil der preußischen Rheinprovinz, heute in der deutschsprachigen Region Belgiens. Voller Zuversicht, Mut und Abenteuerlust gelangt der junge Mann ins Rheinland, findet Arbeit bei der Stahlfirma Messerschmidt, und das Glück scheint ihm rundherum hold. Denn in dem Ort, in dem er zur Pension wohnt, arbeitet als Zugehfrau eine junge Frau, die ihm auf Anhieb gefällt. Sie stammt aus dem Bergischen Land, ebenfalls von einem kleinen Pachthof, und auch sie sucht ihr Glück in Remscheid. Klar: Die beiden verlieben sich ineinander. Der junge Mann war mein Großvater, die junge Frau meine Oma. Schnell wird geheiratet, und es steht für das junge Paar fest: Sie werden ins Bergische Land ziehen und dort einst den kleinen Pachthof ihrer Eltern übernehmen können. Bald ist ein Kind unterwegs, es wird das Licht der Welt gesund erblicken und Jahre später mein Vater.

Und doch: Das noch junge Glück wird schnell getrübt. Der große Weltenbrand, der Erste Weltkrieg, bricht aus. Wilhelm Pauels, der junge Mann aus der Hocheifel, der in dem Dorf Gimborn Wurzeln schlagen wollte, muss wieder losziehen, weg von seiner Familie. Er wird Soldat. Diesmal ist sein Blick verschattet, sind seine Schritte voll Trauer. Er ist alles andere als kriegsbegeistert. Seine Frau, hochschwanger, begleitet ihn noch bis zum sogenannten Kümmeler Kreuz, ein uraltes Wegekreuz oben auf den bewaldeten Hügeln um Gimborn. Noch können sie es natürlich nicht wissen, aber dort, unter dem uralten Wegkreuz, sehen sie sich zum letzten Mal. Sie küssen sich. Vom Kümmeler Kreuz geht sein Wanderweg wieder zu einer Kleinbahn, nach Kotthausen. Dann ab nach Kassel, wo die Divisionen zusammengestellt werden, um die jungen Männer in die Schlacht, ins bis dahin so nie gekannte Kriegselend, in den Tod zu führen.

Monate später: Der kleine Joseph Pauels ist auf der Welt, per Feldpost wurde die frohe Nachricht auch an den Grenadier Wilhelm Pauels geschickt, der an der russischen Front eingesetzt ist. Er liest, dass er Vater geworden ist, was ihn froh und stolz macht, und dass der Sohn auf den Namen Joseph getauft worden ist. Einige Monate später erhält Anna Pauels zwei Briefe, die das kleine bergische Dorf am selben Tag erreichen. Der eine ist ein Feldpostbrief von der Front und natürlich von ihrem Mann geschrieben. »Liebe Anna, ich liege mit den Kameraden im Schützengraben. Morgen müssen wir stürmen. Es ist furchtbar. Was macht mein Klein-Jösephchen?« Der andere Brief trug einen amtlichen Stempel und jagte eine böse Vorahnung in das Herz der jungen Mutter: »Sehr geehrte Frau Pauels«, so hieß es darin, »leider müssen wir Ihnen mitteilen, dass Ihr Mann auf dem Feld der Ehre im heldenhaften Kampf gegen den russischen Feind sein Leben gelassen hat. Eine verirrte Schrapnellkugel traf ihn tödlich. Seine Kameraden haben ihn in russischer Erde bestattet.«

So wuchs mein Vater wie unzählige andere Kinder als Halbwaise auf. Auch er sollte, frisch verlobt, in einen großen Krieg ziehen müssen. Er verliebte sich als junger Mann in

Gretchen Wedding, meine Mutter, und verlobte sich mit ihr. Und wie sein Vater sollte auch meiner sehr bald darauf in den Krieg ziehen. Er hatte mehr Glück. Er überlebte, wurde Lehrer in Wipperfürth, und mit seinem Gretchen bekam er vier Kinder. Maria, die Älteste, Margarethe, genannt Peggy, die zweite. Dann kam der Hahn im Korb, Willibert. Als Nachzüglerin Elisabeth, unser Lieschen. Wir alle sind der Ableger der Familie Pauels in Deutschland, denn unsere gesamte weitere Familie aus der Hocheifel ist seit dem Ersten Weltkrieg und mit einer kurzen Unterbrechung durch den Zweiten Weltkrieg mit den Eroberungen der Armeen Hitlers belgisch. Sie gehören zu den 78.000 Deutschsprachigen in Ostbelgien.

Ich erzähle Ihnen das und im Folgenden auch noch ein wenig mehr aus meiner Familie, weil Trost sich ja im konkreten Leben ereignen muss – genau da, wo auch das Unglück, Leiden und Tod stattfinden. Jede Familie hat in ihrer überlieferten Geschichte beides: Unglück und Trost. Aus meiner Familie, die nicht nur durch den frühen Tod meines Großvaters traurige Erfahrungen verwinden musste, erzähle ich nun eine Geschichte, deren Trost aus dem Glauben uns ebenso zuverlässig begleitet:

Zweite Geschichte:
Wie in einer polnischen Bauernstube mitten in der Hölle des Krieges der Himmel aufbrach

Mein Freund, der liebenswerte Filou Jürgen Becker, sagt immer: Willibert, das Entscheidende ist, dass wir uns mischen. Wir Menschen müssen uns mischen zwischen den Völkern, wir müssen uns mischen zwischen den Weltanschauungen und Religionen, wir dürfen keine Grenzen untereinander ziehen. Grenzen bringen Huddel, Streit und Unglück. Denn das, sagt er, kommt doch nicht von ungefähr: Die größte Fremdenfeindlichkeit herrscht in den Gegenden, wo kaum ein Fremder wohnt.

So ähnlich, obwohl sie in ihrer Weltanschauung kaum unterschiedlicher sein könnten, so ähnlich erzählte es mir immer wieder mein Vater: Willibert, sagte er, die einzige wichtige Grenze ist die Grenze zwischen Liebe und Nicht-Liebe, traditionell gesagt: zwischen Gut und Böse. Das ist die einzige Grenze, die du akzeptieren kannst. Und, Willibert, sieh zu, dass du alles dafür tust, auf der Seite der Liebe zu stehen, also Gutes zu tun. Sei gut zu den Menschen und: Sei auch gut zu dir selber.

Ich erinnere mich noch, als wäre es gestern gewesen: Wenn meine Eltern sich stritten in großer Sorge über die angeblichen Fehlwege, die meine Revoluzzer-Schwester Peggy in den wilden 68er-Jahren ging, dann sagte mein Vater immer wieder zu meiner Mutter: Gretchen, mach dir keine Sorgen, das Gute wird sich durchsetzen. Natürlich hatte mein Vater recht, denn auch meine Revoluzzer-Schwester Peggy, obwohl sie die gesellschaftlichen Konventionen durchbrach, war niemals auf der Seite des Bösen, sondern, wie alle meine drei Schwestern, immer auf der Seite des Guten. Das haben wir Geschwister unter anderem dem guten Vorbild unserer Eltern zu verdanken. Wir hatten Glück, wir hatten eine gute Familie.

Noch einmal sei es gesagt: Es gibt nur eine Grenze, die entscheidend ist, die zwischen Gut und Böse, zwischen Liebe und Nicht-Liebe. Das war also einer der Hauptsprüche meines Vaters. Und wenn er den mal wieder angebracht hatte, fuhr er oft fort: Diese Grenze zwischen Gut und Böse, Willibert, verläuft nicht zwischen den Religionen, nicht zwischen Ländern, nicht zwischen Weltanschauungen. Die Grenze zwischen Liebe und Nicht-Liebe verläuft durch das Herz eines jeden Menschen. Jede und jeder Einzelne kann und muss sich entscheiden, wohin sie oder er gehen und auf welcher Seite sie oder er die vielen einzelnen Schritte des Lebens tun will.

Das erinnert mich heute an meinen Freund, den Maler Ernst Alt. Unter einem Bild der drei Gekreuzigten auf Golgota schieb er:

Hängen musst du, lieber Christ,
wähl, wo deine Seite ist!

Die Ablehnung von Grenzen im Sinne Jürgen Beckers beinhaltete bei meinem Vater vor allem ein innerliches Sich-Wenden gegen völkische und nationalistische Grenzen. Das empfand er schon von früher Jugend an. So hatte er eine Affinität und Liebe zum Nachbarland Frankreich, für dessen Sprache und

Kultur, als es in der offiziellen politischen Sprache Deutschlands noch der Erbfeind war, die Bedrohung und das Minderwertige. In dieser Zeit frankophil zu sein, bedeutete, die einem auferlegte eigene Entscheidung zwischen Liebe und Nicht-Liebe, wie mein Vater sich ausdrückte, sehr ernst zu nehmen, eben nicht der verbreiteten und propagierten Sichtweise unreflektiert nachzueifern, sondern selbst eine eigene Haltung zu finden und diese auch praktisch zu leben. Nach dem Abitur entschied er sich, wenigstens in einem nahe der französischen Kultur und Sprache gelegenen Ort zu studieren, im flämischen Leuven, und natürlich gehörte zu seinen Fächern die Sprache unseres großen Nachbarn. Er machte, so schnell er konnte, die erste Stufe der Dolmetscherprüfung Französisch–Deutsch, womit er zwischen den beiden Sprachen ein handwerklich schon sehr ordentlicher Grenzgänger oder besser: Grenzüberwinder wurde.

Sein Berufsziel war allerdings nicht das des professionellen Dolmetschers. Lehrer wollte er werden. Und eine Familie gründen. Der Mensch denkt, das Schicksal lenkt, oder doch: Der Mensch denkt, Gott lenkt? Aber wenn es Gott ist, der lenkt, dann mutete dieser Gott besonders den jungen Menschen der damaligen Zeit und auch meinem Vater sehr viel zu. Ich glaube nicht, dass der Ausbruch der Hölle des Zweiten Weltkriegs 1939 aus dem Willen Gottes und seiner Fügung kam, sondern aus dem Willen von Menschen, die sich der Entscheidung zwischen Gut und Böse nicht gestellt haben, das waren vielleicht die meisten, und dazu eine ganze Reihe, die sich eindeutig für Grenzen zwischen Menschen, für den gewaltsamen Kampf um Grenzen, für Vernichtung und Tod, also für das Böse entschieden hatten.

Der bescheidene Traum meines Vaters, Lehrerberuf und Familiengründung, war schnell brutal zerschlagen. Er gehörte zu den Jahrgängen junger Männer, die von Anfang an in den Krieg ziehen mussten – ohne Euphorie, sondern niedergeschlagen und traurig. Hatte er doch durch die leidvolle Erfahrung in der eigenen Familie erkennen müssen, welch grausame Wunden der Krieg schlägt: Er nahm ihm den Vater!

»Willibert«, sagte er oft zu mir, »ich hätte natürlich auch den Kriegsdienst verweigern können, aber dazu war ich zu feige, denn das hätte zur Hinrichtung geführt. Weil ich feige war, zog ich mit meinen Kameraden in diesen Unrechtskrieg und musste mit Hitlers Divisionen in Polen einmarschieren. Willibert, ich war direkt dabei. Gott sei Dank, der Herrgott hat mich davor bewahrt, jemals einen Schuss abgeben zu müssen, denn ich war nicht als Schütze eingesetzt, sondern in einem Panzer als Funker. Aber, Willibert, machen wir uns nichts vor, meine Funksprüche haben genauso zu den Morden beigetragen wie die Schüsse aus der Kanone meines Panzers. Da bin auch ich schuldig geworden. Und das lässt mich nicht mehr los seit dem Krieg. Aber ich muss dir auch etwas erzählen, was ich ebenfalls nie vergessen werde:

Es war 1939, in den ersten Wochen des Krieges, die Divisionen Hitlers marschierten in Polen ein. Ich gehörte als Grenadier zur Panzertruppe des Generals Guderian, die durch den polnischen Korridor nach Ostpreußen zog. Willibert, unser Panzer blieb mitten auf dem Land in einem kleinen Wäldchen stecken. Wir hatten einen Motorschaden. Die anderen Panzer fuhren weiter, und wir sollten zunächst einmal an Ort und Stelle bleiben. Das taten wir natürlich auch. Wir warteten auf Hilfe, der Reparaturwagen sollte am nächsten oder übernächsten Tag kommen. Mein Panzerkommandant, ein schrecklicher Nazi, bellte: Gefreiter Pauels, da hinten ist ein Bauernhof, Proviant besorgen, Abmarsch!

Gehorsam folgte ich dem Befehl meines militärischen Vorgesetzten, und ich ging in der Abenddämmerung zu diesem einsam liegenden Bauernhaus. Willibert, schon da musste ich an meine Mama denken und an unseren kleinen Bauernhof im Bergischen Land. Alle meine Vorfahren waren ja Bauern, aus der Familie meiner Mutter im Bergischen Land, aus der Familie meines Vaters aus der Gegend von Eupen. Ich ging also zu dem Hof der »Feinde« irgendwo in den verlorenen Weiten Polens. Ich klopfte an die Haustür – keine Reaktion. Ich rief: Hallo? Hallo? Keine Reaktion. Vorsichtig drückte ich die Türklinke herunter. Es war nicht abgeschlossen. Ich öffnete, vor mir lag ein leerer Flur. Hallo, rief ich noch einmal in den leeren Flur hinein. Es kam keine Antwort. Langsam schritt ich weiter und öffnete die Tür zur Stube. Darin hockte eine Familie, zitternd wie das Beutetier vor der Schlange, ein alter Mann, sein Sohn, der Jungbauer, dessen Frau und ihre vielleicht 16-jährige Tochter. Mit angstaufgerissenen Augen schauten sie auf mich, den deutschen Soldaten, den Feind, der in ihre Wohnstube eingedrungen war.

Willibert«, sagte mein Vater, »es kam noch etwas Schlimmes hinzu: Als Grenadiere der Panzergruppe Guderian, obwohl Teil des regulären Heeres, trugen wir schwarze Uniformen. Aber das wusste schon jeder Pole: Teufel in schwarzen deutschen Uniformen, das war die SS. Also hielten mich die einfachen Bauersleute wahrscheinlich für einen SS-Mann und erwarteten Grauenvolles. Ich ahnte das und sagte stammelnd zu den Leuten: ›Nix Angst, nix SS.‹ Das Einzige, was sie verstanden, war SS. Sie hatten jetzt noch mehr Angst. Und ich stand vor dem Dilemma: Ich musste einen Befehl ausführen, einerseits. Andererseits: Wie sollte ich ihnen deutlich machen, dass sie vor mir – ich war doch auch ein Bauernjunge – keine Angst zu haben brauchten, dass ich nur was zu essen haben wollte? Sie verstanden kein Deutsch, ich sprach kein Polnisch. Ich machte mit der Hand einige Essbewegungen. Das haben sie bald verstanden, aber sie zitterten nach wie vor erbärmlich vor Angst. Mit meinem ›Nix SS‹ hatte ich alles noch schlimmer gemacht.

Da hatte ich eine Idee. Vom ersten Tag meines Soldatenseins bis in die Gefangenschaft und darüber hinaus, bis heute, Willibert, habe ich in meiner Hosentasche immer einen Rosenkranz. Ich griff also in die Tasche meiner schwarzen Uniform, zog den Rosenkranz hervor und zeigte ihn der Familie. Nie mehr in meinem Leben habe ich bei Menschen solch einen Wechsel von Angst hin zu Erleichterung wahrgenommen. Ein Strahlen ging über die Gesichter der immer noch zitternden Leute. Und jetzt geschah das: Das junge Mädchen sprang auf, lief zu mir und umarmte mich. Willibert! Ein polnisches Mädchen umarmte den deutschen Soldaten! In dem Augenblick war kein Krieg, kein Hitler, kein Deutschland gegen Polen, keine Grenze mehr. In dem Augenblick war in dem Raum Frieden und Trost und Liebe.

Du kennst die Geschichte von Stephanus«, sagte mein Vater. »Als der gesteinigt wurde, also in größter Not, sah er für einen Augenblick den Himmel offen. So war das auch für diese Familie und für mich in der Wohnstube. Mitten in der Hölle des Krieges, in erbarmungsloser Zeit, ging der Himmel ein bisschen auf, mein Herz schwelgte in Glückseligkeit. Denn hier hatte sich statt Angst und Feindschaft plötzlich ein Verstehen ohne Worte ausgebreitet und Angst in Vertrauen verwandelt. Der Himmel war für einen Augenblick offen. Stephanus konnte mitten im Entsetzen seiner eigenen Steinigung und Hinrichtung den Satz der Liebe beten: Herr, vergib ihnen, denn sie wissen nicht, was sie tun. So erkannte diese Familie plötzlich in mir statt eines SS-Teufels einen Menschen. Einen Menschen, den man sogar umarmen kann.«

Früher mussten alle, auch mein Vater, Schillers *Lied von der Glocke* auswendig lernen. Darin ist von der ersten Liebe die Rede, von der Ahnung des Geheimnisses, das uns alle umfängt:

O! zarte Sehnsucht, süßes Hoffen,
Der ersten Liebe goldne Zeit,
Das Auge sieht den Himmel offen,
Es schwelgt das Herz in Seligkeit ...

Diese »erste Liebe« ist ein Erahnen des Himmels. Ich glaube, jedes Mal, wenn ein Mensch eine solche Ahnung erlebt – in der jungen Liebe zu einem anderen Menschen oder eben auch in alles verändernden Begegnungen – ahnt er das Geheimnis, welches wir Gott nennen. Immer wenn mein Vater mir diese Geschichte erzählte, die für ihn so prägend war, habe ich schon als kleines Kind mit großen Ohren zugehört, und ich meine, damals bereits verstanden zu haben, wenn er sagte: Die Grenze zwischen Gut und Böse verläuft nicht zwischen Völkern und Nationen, nicht zwischen Religionen und Weltanschauungen. Die Grenze läuft durch das Herz eines jeden Menschen. »Willibert, sieh zu, dass du immer auf der Seite des Guten stehst und dich für sie entscheidest.«

Hängen musst du, lieber Christ,
wähl, wo deine Seite ist!

Nachtrag:

Mein Vater erhielt von der Bauernfamilie nicht nur Brot und Milch, um die er sie bat, sondern dazu noch ein dickes Stück Schinken und ein Dutzend Eier – aus der Erleichterung und dem Zutrauen, die allein der Rosenkranz, hervorgeholt aus einer schwarzen Hosentasche, erwirkt hatte. Mein Vater dankte und kehrte zurück zur Todesmaschine des deutschen Panzers. Das größte Geschenk in der Bauernstube war, so sagte mein Vater, nicht der Proviant, sondern erleben zu dürfen, wie sich Angst in Liebe verwandeln kann.

Die Bibel sagt:

Gott wird Gerechtigkeit schaffen
zwischen den Völkern
und den mächtigen Reichen Recht sprechen.
Sie werden ihre Schwerter umschmieden
in Pflugscharen
und ihre Lanzen in Winzermesser.
Es wird kein Volk wider das andere
das Schwert erheben
und sie werden nicht mehr lernen,
wie man Krieg führt.
Ein jeder wird unter seinem Weinstock sitzen
und unter seinem Feigenbaum
und niemand wird ihn schrecken.
Der Mund Gottes hat es gesprochen.

Micha 4,3–4

Zwischenstück: Lummerland

In den Zeiten, als das Wünschen noch geholfen hat, in denen zum Beispiel Telefone noch eine Schnur hatten, also in uralten Zeiten, durfte ich bei der Oma ausgewählte Fernsehsendungen anschauen. Von einer war ich besonders verzaubert und bin es bis heute. Ich werde sie mein Lebtag nicht vergessen: die *Augsburger Puppenkiste*. Mit einfachen, fast primitiven Mitteln hat das Puppentheater auf mich und auf sehr viele Kinder eine größere Faszination ausgeübt als heute mit gewaltigem Aufwand digital animierte Produktionen. Das Augsburger »Meer« war gut erkennbar eine Plastikplane, die von unten mit einem Gebläse, vielleicht einem einfachen Fön, in Wallung gebracht wurde – es war aber trotzdem das große weite Meer! Ich war immer ganz aufgeregt, wenn es losging: Der schwarz-weiße Fernsehmonitor zeigte zuerst eine roh gezimmerte Holzkiste, darauf stand »Augsburger Puppenkiste«. Von magischer Hand geöffnet – und schon war man in der Geschichte drin. In dieser:

»Irgendwo, weit draußen auf dem großen Meer, war eine kleine Insel mit dem Namen Lummerland. Auf ihr lebten König Alfons der Viertel-vor-Zwölfte mit seinen Untertanen, Herrn Ärmel, Frau Waas und Lukas dem Lokomotivführer... Eines Tages, König Alfons der Viertel-vor-Zwölfte war gerade aus seinem Bett aufgestanden, es war also Viertel vor Zwölf, hörte man einen großen und gewaltigen Knall.« Rumms!

Mit dem Lied »Eine Insel mit zwei Bergen und dem tiefen weiten Meer...« und mit den Geschichten von Jim Knopf und Lukas betrat ich ein Zauberreich. Noch bevor ich die geniale Umsetzung durch die Augsburger Puppenkiste im Fernsehen in wöchentlichen Häppchen sah, hatte ich mir aus der katholischen Bücherei Borromäus in Wipperfürth die zwei Bände *Jim Knopf und Lukas der Lokomotivführer* und *Jim Knopf und die Wilde 13* ausgeliehen und wurde, wie Bastian Balthasar Bux, der von Autor Michael Ende später in einem Buch geschaffene Held, von der Geschichte regelrecht aufgesogen. Ich war ein weiterer Bewohner der kleinen Insel Lummerland.

Dritte Geschichte:
Wie Herr Tur Tur weise macht und der Esel doch klug ist

Erst als Erwachsener erkannte ich, dass in Märchen und anderen Geschichten die *wahren* Weltgeschichten stehen und Kinderbücher meine besten Lebenslehrer waren.

Zum Beispiel die Bremer Stadtmusikanten. Vier Tiere, alle ziemlich depressiv, denn sie leiden unter Burn-out. Der Esel hat Rücken, er kann keine Säcke mehr schleppen. Das bedeutet: outgesourct, für Alte, die nichts mehr bringen, haben wir keine Verwendung. So ergeht es auch dem Hund, keine Zähne mehr im Mund, outgesourct. Die Katze hat keine Krallen mehr an den Pfoten, Mäusefangen ist vorbei, outgesourct. Der Hahn kräht nicht mehr, er hat chronische Bronchitis, outgesourct. Aber da hat der Esel die Idee seines Lebens. Ich werde mich auf die Reise machen, sagt er zu sich, denn etwas Besseres als den Tod werde ich überall finden. Mit diesem Satz verbünden sich die vier Freunde. Kommt mit, sagt der Esel, etwas Besseres als den Tod finden wir überall. Und es funktioniert. Wie wir alle aus dem Märchen wissen, gelingt es ihnen, die Räuber zu vertreiben, sie besetzen deren Haus und gründen eine Alten-WG. Und von dem Schatz, den sie in dem Haus finden, mieten sie sich eine hübsche junge Pflegerin und leben glücklich und zufrieden bis ans Ende ihres Lebens.

Erst als Erwachsener erkannte ich, dass in diesem Kindermärchen eine tiefe Weisheit steckt. Lass dir von niemandem,
wirklich niemandem sagen, dass du nichts wert seist, nur
weil deine Kräfte nachlassen oder weil du aus dem Erwerbs-
betrieb herausfällst. Habe den Mut, aufzustehen und aufzu-
brechen, du bist niemals zu alt. Bleib neugierig, bleib wach,
denn etwas Besseres als den Tod findest du überall. Egal wie
alt du bist: Suche Freunde, bilde Gemeinschaften. Dann könnt
ihr die Räuber eures Lebens vertreiben.

Für Kinder sind die Räuber in dem Märchen natürlich echte Diebe. Und für Kinder sind die Tiere tatsächlich fähig zu
sprechen. Aber wenn ich die Perspektive *hinter* dem Märchen
entdecke, dann weiß ich, dass die tiefsten Wahrheiten – wie
oft bei Märchen – hinter der vordergründigen Geschichte verborgen warten, um von uns entdeckt zu werden.

Denn, siehe, eine zweite Weisheit steckt in der Geschichte. Für Kinder werden natürlich böse Räuber, fremde Männer, die im Wald leben, vertrieben. Aber aus einer anderen
Perspektive erkenne ich, dass dieses dramatische Geschehen
in meiner Seele stattfindet. Es ist der Dämon, der Räuber in
mir, der mir den Lebensmut, die Zuversicht, die Ausgegli-
chenheit raubt, der mir den Glauben an das Leben, an mich
selbst, an den Gott des Lebens raubt. Dieser Räuber kann
vertrieben werden. Dazu braucht es diesen Perspektivenwechsel: Als Erstes den Mut aufbringen zu erkennen. Dass
ich für andere und neue Wege niemals zu alt bin. Dass ich in
jeder Lebensphase wach und neugierig und lebenshungrig
bleiben kann. Als Zweites: Gemeinschaft suchen. Die Räuber und die Dämonen meines Lebens kann ich am besten
vertreiben, wenn ich Gleichgesinnte und Freunde suche und
finde. Martin Buber hat diese Erkenntnis philosophisch formuliert: Ich finde mein Ich im Du. Dann werde ich stark,

dann habe ich die Kraft, alles Dunkle in mir durch Licht zu verwandeln.

»Kindergeschichten«? Der Romantiker Novalis, der etwas weniger romantisch eigentlich Georg Friedrich Philipp Freiherr von Hardenberg hieß, hat etwas wirklich Wunderschönes gesagt:

Wenn nicht mehr Zahlen und Figuren
Sind Schlüssel aller Kreaturen
Wenn die so singen, oder küssen,
Mehr als die Tiefgelehrten wissen,
Wenn sich die Welt ins freie Leben
Und in die Welt wird zurückbegeben,
Wenn dann sich wieder Licht und Schatten
Zu echter Klarheit werden gatten,
Und man in Märchen und Gedichten
Erkennt die wahren Weltgeschichten,
Dann fliegt vor Einem geheimen Wort
Das ganze verkehrte Wesen fort.

»In Märchen und Gedichten erkennt die wahren Weltgeschichten«, damit hat er vollkommen recht! Novalis meint genau den Perspektivenwechsel, der zur Erkenntnis des Eigentlichen im Leben führt durch die Erzählung von überlieferten Geschichten. Die können sehr alt sein, in jahrtausendealten heiligen Büchern stehen oder in den Sammlungen der Gebrüder Grimm, in den Erzählungen von Hans Christian Andersen, in unserer wie auch in fernen Kulturen. Auch in der Gegenwart entstehen solche Geschichten:

Als Jim Knopf und Lukas der Lokomotivführer mit ihrer treuen Lok Emma die endlos scheinende Wüste durchqueren, erschrecken sie zutiefst. Am Horizont erscheint ein Riese, dessen Haupt in die Wolken ragt. Aber Jim, Lukas und Emma widerstehen dem Impuls zu fliehen. Die drei Abenteurer fahren auf die unheimliche Gestalt zu – und registrieren etwas Seltsames. Je näher sie dem Riesen kommen, desto kleiner wird er. Und als sie endlich vor ihm stehen, ist er ein ganz normaler Mensch, nicht größer als Lukas. Was ist sein Geheimnis? Die drei erfahren, dass es sich um einen der höchst seltenen Scheinriesen handelt. Herr Tur Tur, das ist sein Name, hat die verblüffende Angewohnheit, im Widerspruch zu den Naturgesetzen immer größer zu werden, je ferner er sich befindet, kommt er aber näher, schrumpft er auf ein gewöhnliches Maß. Der arme Herr Tur Tur jagt aber jedem Menschen auf Abstand eine Heidenangst ein, deshalb hat er sich in die Einsamkeit der Wüste verkrochen. Aber so allein und einsam zu sein, darunter leidet er schrecklich.

Einer der für mich erschütterndsten Sätze der Theaterliteratur ist der des aus dem Krieg heimgekehrten Soldaten Beckmann in *Draußen vor der Tür*, dem Drama von Wolfgang Borchert: »Ich bin so allein! Ich bin so furchtbar allein! Ist denn da niemand ...!« Er könnte auch von Herrn Tur Tur stammen.

Nun, das können wir ändern, sagt Lukas. Und die drei nehmen den Herrn Tur Tur mit nach Hause auf die kleine Insel Lummerland. Das winzige Eiland brauchte nämlich unbedingt einen Leuchtturm. Da aber für ein so großes Gebäude neben den Menschen kein Platz war, hatten Lukas, Jim und Emma Lummerland verlassen. Die geniale Lösung: Herr Tur Tur ist ja in der Nähe eigentlich normal klein, aber aus der Ferne gesehen riesengroß, also braucht er nachts nur mit einer Laterne in der Hand vor die Tür des Häuschens zu treten, dann wird er von den am Horizont vorbeiziehenden Schiffen bestens gesehen. Ein Leuchtturm auf Lummerland.

Dies ist nur ein kleiner Teil der großartigen Fantasie des Autors Michael Ende. Was lernen wir Erwachsenen daraus? Sehr viel! Wir alle laufen meistens, so wie es uns unsere innere Natur einflüstert, vor Problemen und Sorgen davon. Wenn wir uns aber der Angst stellen und schnurstracks auf das Problem zugehen, geschieht etwas Verblüffendes. Das Problem ist gar nicht so riesig, wie wir dachten, im Gegenteil: Je näher wir kommen, desto kleiner wird es. Und erst wenn wir das Problem aus der Nähe betrachten, fallen uns gute Ideen ein, es zu lösen und in unser Leben irgendwie passend einzufügen. Die fantastische Geschichte vom Scheinriesen Herr Tur Tur ist eine Weisheitsgeschichte, die vom Wesen der Ängste, die uns jagen, erzählt. In den allermeisten Fällen sind es: Scheinängste!

Solche Entlarvungen »böser Riesen« erzählen viele Geschichten und Mythen, auch biblische Erzählungen: Der kleine David besiegt den großen Goliath. Jesus heilt Menschen von »bösen Geistern« und von Krankheiten, in denen andere nur die gerechte Strafe für Sünden erkennen wollen. Durch aufgesuchte Nähe verlieren diese schlimmen Überhöhungen ihre Macht. Für ganz nüchterne Realisten sind das alles nur Kindermärchen, die dem Realitätscheck nicht standhalten. Aber in ihnen ist wie die Perle in einer Muschel oder der Schatz, der in einem Acker verborgen ist, eine tiefe und wirkliche Weisheit versteckt. Man muss sie nur finden. Und, sagt Novalis, mit einem einzigen Wort flieht das falsche Wesen fort.

Nachtrag:

Als der überaus erfolgreiche Roman *Momo*, Autor: Michael Ende, verfilmt war, gab es natürlich auch eine offizielle Premiere. Es war mir gelungen, für diese Premiere eine Kinokarte zu erstehen. Frech, wie ich bin, schaute ich mich beim Betreten im Kinosaal um: Wo sitzen die Promis? Da will ich hin! Ich zwängte mich durch eine vordere Reihe, denn da war tatsächlich noch ein Platz frei. Unterwegs trat ich übrigens Herrn Otto Waalkes auf die Füße. Er machte daraus sofort einen Gag, sprang wie von der Tarantel gestochen hoch, nahm seine berühmte Otto-Waalkes-Haltung mit den abgeklappten Händen ein und rief: »Aua, aua, man hat mich verletzt, man hat mich verletzt! Jodelahühü!« Das ganze Kino lachte. Mit hochrotem Kopf verrenkte und zwängte ich mich weiter durch die Promireihe. Endlich kam ich zu dem freien Sitz, ich fragte den Mann auf dem Nachbarsessel: Ist der Platz noch frei? So ist es, antwortete eine sonore Stimme. Es war – Michael Ende! Der kleine Willibert, jetzt mit roten Ohren genauso wie damals, als er in seiner Kindheit die Abenteuer von Jim Knopf und Lukas las, saß nun neben dem Autor dieser faszinierenden Bücher. Natürlich konnte ich mich nicht zurückhalten und begann einen Smalltalk mit dem Meister: »Herr Ende, wenn ich das mal sagen darf, *Momo* fand ich auch toll, aber nach wie vor finde ich, das beste Buch, das Sie je geschrieben haben, sind die Geschichten von Jim Knopf und Lukas!« Da flüsterte er mir verschwörerisch zu: »Das sehe ich genauso, aber verraten Sie es keinem, sonst werfen die uns noch hier aus dem Kino!«

Die Bibel sagt:

Bei dir bin ich geborgen,
bei dir finde ich Hilfe, mein Gott.
Du bist der Fels, auf dem ich stehe,
die Burg, die mich umgibt.
Du bist meine Hoffnung,
von Kind an verließ ich mich auf dich.
Es war vielen wie ein Wunder,
dass ich nicht umkam.
Aber du warst es, der mich festhielt,
bei dir fand ich Halt und Schutz.
Dann habe ich gesungen,
Lieder sang ich dir zu Ehren
und mein Tag war voll Glanz,
erfüllt von deiner Gegenwart.

Lass mich nun nicht fallen
in meinem Alter.
Wenn meine Kraft schwindet,
verlass mich nicht.
Denn dunkle Gedanken fallen mich an,
und die Angst überfällt mich.
Sei nun nicht ferne von mir,
mein Gott, komm mir zu Hilfe.
Immer und immer will ich hoffen
und davon singen, was du getan hast.
Von deiner Treue will ich reden,
früh und spät von deinen Wundern singen.
Ich gehe einher in deiner Kraft,
ich preise deine Gerechtigkeit allein.

Wenn ich nun alt werde und grau,
mein Gott, verlass mich nicht.

Denn ich will deine Güte verkündigen
dem kommenden Geschlecht.
Viel Jammer habe ich gesehen,
aber deine Nähe tröstete mich.
Nun will ich dich rühmen mit Liedern,
die ich zur Harfe singe.
Ich will von deiner Treue reden,
meine Lippen sollen dir singen
und mein Herz dich preisen,
mein Herz, das fröhlich wurde durch dich.

Psalm 71

Zwischenstück: Gegen die Wand

Ich denke, es ist Zeit für einen Witz:

Ein amerikanischer Reporter logiert in einem Jerusalemer Hotel mit Blick auf die Klagemauer. Er sieht, dass jeden Tag zur selben Zeit ein alter Jude kommt und seine Gebete abhält. Tag für Tag für Tag. Irgendwann wird der Reporter so neugierig, dass er es wagt, den alten Juden anzusprechen:

– »Entschuldigt die Neugier, aber Ihr kommt täglich zum Gebet an die Klagemauer. Als Reporter bin ich neugierig; wofür betet Ihr eigentlich?«

– »Nu, ich bete für den Weltfrieden.«

– »Das ist aber schön! Und?«

– »Jo«, sagt der Alte, »manchmal habe ich den Eindruck, ich rede gegen eine Wand.«

Mein Vater erzählte mir, der ich als kleiner Junge staunend seinen Geschichten zuhörte: »Als wir junge Soldaten waren, im Dritten Reich, haben wir Witze über Hitler erzählt, wenn wir unter uns waren. Wenn das rausgekommen wäre, hätte man uns an die Wand gestellt und erschossen.« Ich erinnere mich noch, dass ich verwundert sagte: »Aber doch nicht für einen Witz, Papa!« Heute weiß ich, dass er recht hatte. Und dass heute zum Beispiel *Charlie Hebdo* für seinen provozierenden und bösen Humor mit dem Tod durch Fanatiker büßen musste. Als Kind wollte ich natürlich wissen: »Papa, wenn das so lebensgefährlich war, woher wusstest du denn, dass da kein Nazi drunter war, der dich verraten hätte?« Worauf mein Vater mit einem Satz antwortete, den ich nie vergessen werde: »Willibert, da konnte kein Nazi drunter sein, wir waren alle Kolpingbrüder!«

Es gibt nicht nur die *Kriminalgeschichte des Christentums*, sondern auch eine Heilsgeschichte des Christentums. Die Christgläubigen können aus gutem Grund, aus österlicher Perspektive, sich einander gegen eine tödliche Übermacht Witze erzählen, sich über alte Feindschaften hinweg versöhnen, Humor haben und miteinander lachen.

»Wohl euch, die ihr weint, denn ihr werdet lachen.« Darin besteht die österliche, die letztendlich lachende Perspektive in den wunderbaren Seligpreisungen Jesu beim Evangelisten Lukas (6,21). In dieser Zusage steckt Trost. Und ein gutes Stück Widerstandskraft. Und Freiheit, auch wenn sie in schlimmen Zeiten geheim bleiben muss. Humor kann kranke Seelen heilen. Und man findet überall, auch unter »Feinden«, Menschen, die mit einem diese österliche Perspektive teilen.

Wie ein französischer Präsident von meinem Vater erzählte und Konrad Adenauer dadurch zum Staunen brachte

Der Westdeutsche Rundfunk gab mir die große Ehre, zwei Filme über meine Wenigkeit zu drehen. Diese Filme werden nahezu in jeder Karnevalszeit wiederholt, das kostet die Sendeanstalt nichts, und für mich, glaube ich doch, werben sie. Sie heißen sehr tiefgründig: *Der fromme Jeck Teil 1* und *Der fromme Jeck Teil 2*. Im ersten Teil – *eigenartigerweise immer noch nicht mit einem Grimme-Preis ausgezeichnet* – hat der WDR aus seinem Archiv eine wirklich kostbare schwarz-weiße Filmsequenz ausgegraben. Zu sehen ist da der Marktplatz der ältesten Stadt des Bergischen Landes, meiner Heimatstadt Wipperfürth.

Der Platz ist schwarz von Menschen. Zehntausende stehen bis in die Gassen, die zum Platz führen. Sie recken ihre Köpfe zur Loggia des Rathauses. Was ist da los? Für die kleine Stadt im Bergischen eine wirkliche Sensation. Am 1. Mai 1958 steht Bundeskanzler Konrad Adenauer dort oben. Und er ist nicht allein gekommen, Alain Poher begleitet ihn. Ein französischer Politiker, damals Mitglied des Senats und in hohen Ämtern verantwortlich in den Vorläuferorganisationen der Europäischen Union, später war er sogar zwei Mal Interimspräsident des französischen Staates. Organisiert hatte diesen historischen Besuch die KAB, also die Katholische Arbeitnehmer-Bewegung in Wipperfürth, vermittelt durch Paul Lücke, Innenminister in Nordrhein-Westfalen.

Heute kann ein Präsident Frankreichs bei einem Staatsbesuch durchaus auch mal in einer deutschen Kleinstadt auftauchen, aber damals, ich war erst vier Jahre alt, war die Situation komplett anders. Der Weltkrieg war noch nicht so lange her, die Deutschen, »*les Boches*«, hatten eine schlimme Blutspur durch Frankreich und die Welt gezogen, und die deutsch-französische Freundschaft war noch nicht viel mehr als eine Idee von wenigen Idealisten. Die Verluste und die Leiden Frankreichs – die vielen jung gefallenen Soldaten, die ermordeten Kämpfer der Résistance, der Abtransport und die Vernichtung französischer Juden, die bis zum Vorrücken der Alliierten geteilte Nation, die Besatzung und Demütigung durch die Deutschen – hatten sich ins Gedächtnis der Franzosen eingebrannt. Ein Besuch in einer deutschen Kleinstadt war wirklich eine großartige Geste und ging weit über die höflichen Pflichten eines Politikers hinaus.

Vielleicht schmerzte dieser Besuch sogar die Angehörigen der Opfer in Frankreich. Paul Celan, der deutschsprachige Lyriker und Sohn einer jüdischen Familie, durch die Kriegswirren innerlich zerrissen und heimatlos, der schließlich in Paris Zuflucht und ein Zuhause fand, hat den berühmten und in Stein gemeißelten Satz geschrieben: »Der Tod ist ein Meister aus Deutschland.«

Wunden brauchen Zeit, um zu heilen. Sie brauchen aber auch eine Behandlung. Was die deutschen und die französischen Staatslenker leisteten, die Stiftung der Freundschaft von oben her in die beiden Völker, war eine solche Therapie. In diesem Rahmen war auch der Besuch Alain Pohers in Wipperfürth zu sehen. Im Bergischen Land hat man das verstanden und gefühlt: Es tat nicht mehr gar so weh.

Jetzt steht also der französische Senator auf der Rathausempore über dem Marktplatz der kleinen bergischen Stadt. Warum aber tat er das? Denn es ist nicht abwegig anzunehmen, dass er in seiner Heimat mögliche Wähler damit abtrünnig machte. Die Antwort gab Alain Poher selbst den vielen Menschen auf dem Platz und in das Mikrofon des Westdeutschen Rundfunks:

»Ich bin gekommen, weil ein deutscher Priester von vielen Franzosen als Heiliger verehrt wird, Abbé Stock.« (Franz Stock war während der deutschen Besatzungszeit von Paris als Seelsorger für die Gefängnisse und die Hinrichtungsstätte der Stadt tätig. Er rettete unter großer Gefahr vielen das Leben.)

Dann sagte Alain Poher weiter: »Und ich bin gekommen, weil ein deutscher Soldat mit einem französischen Soldaten sein Brot geteilt hat.« Der deutsche Soldat war mein Vater, der französische war Marcel Marivin.

Mit dem WDR-Kamerateam besucht und damit für alle Zeiten festgehalten habe ich Marcel Marivin 2007, da war er bereits über 90 Jahre alt. Der kleine Mann empfing uns freudestrahlend an der Tür seiner Wohnung. Er sagte zu mir: »Gilbert«, also Willibert, »dein Vater war ein guter Mensch.« Den Namen des freundlichen alten Mannes kannte ich aus den Erzählungen meines Vaters, die beiden hatten mitten im Krieg eine dicke Freundschaft geschlossen. Und das kam so:

Mein Vater war ja das einzige Kind einer Kriegerwitwe, der Anna Pauels, und deshalb vom Einsatz an der vordersten Front befreit. Er wurde zunächst als Funker verwendet und schließlich, da er fließend Französisch sprach, als Übersetzer in der Poststelle eines Gefangenenlagers für französische Soldaten in Ziegenhain, Hessen: Stammlager 9a. Laut der Genfer Konvention hatten Gefangene unveräußerliche

Rechte, und, man muss sagen, seltsamerweise hielten sich die Nazis an diese Regeln, soweit es Engländer, Franzosen und andere Kriegsgegner betraf, aber nicht bei den Russen, die in der Nazi-Ideologie als »Untermenschen« diffamiert wurden. Eines dieser Rechte von Kriegsgefangenen war, am Sonntag einen Gottesdienst ihrer Konfession angeboten zu bekommen. Konkret hieß das, eine evangelische Andacht oder eine katholische heilige Messe, andere Religionen waren in Nazi-Sicht nicht vorgesehen. Also kam jeden Sonntag ein Priester ins Ziegenhainer Lager und feierte mit den französischen Gefangenen eine heilige Messe.

Großer Vorteil der damals lateinischen Liturgie: Ob Franzosen oder Deutsche oder babylonische Sprachvielfalt: In der Messe hatten sie *eine gemeinsame* Sprache. »Eine Kirche, die von Manila bis Mülheim an der Ruhr reicht, braucht eine liturgische Hochsprache, Herr Pauels«, sagte Hans Konrad Zander einmal zu mir, und er ist dafür, dass alle Katholiken auf dieser Erde wenigstens die Hauptteile der Liturgie auch auf Latein mitbeten können – nicht durch Vokabel- und Grammatikpauken, sondern aus Gewohnheit. Recht hat er. Und das ist nicht hoffungslos reaktionär gedacht, sondern hoffnungsvoll international und weltumfassend, also katholisch. So war es für einen deutschen Priester überhaupt kein Problem, mit Franzosen die heilige Messe zu zelebrieren, weil sie für diese kleine Zeitspanne einmal in der Woche über eine gemeinsame Sprache verfügten.

Immer wenn gefragt wurde, wer die Gefangenen beim Gottesdienst bewacht, war der Finger meines Vaters oben, denn bis zu seinem letzten Atemzug war er fromm wie ein Kommunionkind. So geleitete er als Aufsicht die Prozession des Gefangenenzuges hin zur kleinen Kapelle des Stalag 9a. Das Kirchlein hatten die Gefangenen selber gebaut. Über Monate bewachte er die Häftlinge während der heiligen Feier und nahm als Glaubender natürlich auch aktiv daran teil. Wie selbstverständlich reihte er sich in die Choralschola ein, den kleinen Chor für die lateinischen Gesänge, den die Franzosen sofort organisiert hatten. Mein Vater erzählte:»Willibert, in dem Moment, wenn wir die heilige Messe feierten und gemeinsam gesungen haben, war nicht Krieg, nicht Aufseher und Gefangene, nicht Nazis und Feinde. In dem Moment war die innere Freiheit, die sämtliche Gefängnisse sprengt, wenigstens für den Moment waren wir Bruder und Bruder in Christus. Und was habe ich gemacht? Mein Pistolenhalfter war immer leer! Weil ich nicht mit einer Waffe bei mir beten konnte. Wenn das rausgekommen wäre, wäre ich sofort scharf bestraft worden.« So schlicht, so aufrecht und konsequent war die Frömmigkeit meines Vaters!

Eines Tages sprach mein Vater einen jungen Gefangenen an, der regelmäßig mit ihm in der Schola sang, und fragte ihn: »Du bist ein Theologiestudent, *n'est-ce pas*?« Der junge Soldat antwortete: »*Oui, c'est vrai*. Woher wissen Sie das?« Mein Vater:»Ich beobachte dich, wie inbrünstig du die heilige Messe verfolgst.« Dieser junge Mann war – Marcel Marivin.

Und nun standen wir, das WDR-Team und ich, vor ihm, ziemlich am Ende seines langen Lebens. Nach dem Krieg hatten Marcel und mein Vater alles versucht, sich zu finden, und es gelang. Ihre tiefe Freundschaft setzte sich bis zum Ende ihres Lebens fort. Marcel Marivin, der doch nicht Priester, sondern Familienvater geworden war, erzählte mir bei diesem Besuch, wie mein Vater die Lebensmittel, die seine Mutter ihm regelmäßig in Paketen nach Ziegenhain schickte, mit Gefangenen teilte. Sie haben Brot miteinander geteilt: In der heiligen Messe das Brot Gottes für die Seelen und im Lager das Brot für den Körper.

Der alte Franzose erzählte weiter: Eines Tages habe er meinen Vater gefragt, ob er ihm außer dem Essen nicht auch etwas Geld geben könne. Mein Vater habe das einigermaßen entrüstet zurückgewiesen, er sei deutscher Soldat, wie er also darauf käme, ihn um Geld zu bitten. Er, der Franzose, habe ihm geantwortet, wenn diese letzte falsche Ordnung, die das Gefangenenlager noch für sie bildete, zusammenbreche, brauche er Geld, um nach Hause zu kommen. Im ersten Impuls hatte mein Vater das empört und, sich an die geltende Ordnung haltend, abgelehnt, außerdem hatte er ja auch selbst nur seinen kleinen Sold. Aber am nächsten Morgen, erzählte Marcel Marivin, »kam dein Vater zu mir und drückte mir heimlich Geld in die Hand. *C'est vrai, ton père était un bon homme*, dein Vater war ein guter Mensch.«

Nachtrag:

Im Sommer 2020 erhielt ich die E-Mail eines Mitarbeiters der Gedenkstätte und des Museums Trutzhain. Das Dorf Trutzhain in Hessen ist aus dem Gefangenenlager Ziegenhain zunächst als Flüchtlingssiedlung entstanden und wurde 1951 eine reguläre Gemeinde, heute gehört es zu Schwalmstadt. An der Stelle des ehemaligen Stalag 9a sind heute die Gedenkstätte und das Museum eingerichtet, dazu gehören im Außenbereich zwei Friedhöfe mit den Einzel- und Massengräbern hunderter im Lager verstorbener und, überwiegend in der Abteilung für russische Häftlinge, hingerichteter Kriegsgefangener.

Nun, bei dem ehrenamtlichen Mitarbeiter der Erinnerungsstätte, der mir schrieb, hatte sich ein Belgier gemeldet. Der suchte nach Informationen über seinen Schwiegervater, damals in Ziegenhain, der habe die Feiern der heiligen Messe im Lager sehr geschätzt und als großen Trost empfunden. Weiter habe er seinen Kindern erzählt, ein deutscher Soldat im Lager habe sich für diese Feiern eingesetzt und, obwohl zur Bewachung eingeteilt, unbewaffnet und mit den Gefangenen singend daran teilgenommen. Der Belgier fragte bei der Gedenkstätte an, ob ein Kontakt zu mir, dem Sohn dieses deutschen Wachsoldaten möglich sei, um auch die Erinnerungen aus den möglichen Erzählungen meines Vaters zu sammeln und sie gedruckt festzuhalten.

Ja, das ist möglich. Einen Teil dessen, was mein Vater mir erzählt hat, gebe ich in diesem Buch wieder. In Kontakt mit der Gedenkstätte und dem Belgier helfe ich gerne mit, dass dieses Lager, in dem Tausende Gefangene aus dem Westen und dem Osten Europas festgehalten wurden, in Erinnerung bleibt. In dieses Gedenken gehört neben der todbringenden Feindschaft zwischen Völkern und dem Leid, das den Gefangenen angetan wurde, auch diese Tatsache: An diesem Ort wuchs verborgen und wunderbar Verständigung und Freundschaft zwischen Feinden, erfuhren Kriegsgegner gemeinsamen Trost.

»Die Grenze zwischen Gut und Böse verläuft nicht zwischen den Völkern und Staaten, die Grenze verläuft durch die Herzen der Menschen.« Ich verstehe immer besser, was mein Vater damit gemeint hat.

Die Bibel sagt:

Glücklich der Mensch,
der nicht lebt nach dem Rat
und Vorbild der Bösen,
der die Wege nicht betritt,
die ihn in Schuld führen,
der sich nicht mit denen gemeinmacht,
die verächtlich reden über Gott
und spöttisch über Menschen,
die an ihn glauben.
Glücklich,
wer Gottes Weisungen in sein Herz nimmt
und über sie nachsinnt Tag und Nacht.
Der ist wie ein Baum,
der an einem Wasserlauf steht,
der Kraft hat, Frucht zu tragen, wenn es Zeit ist,
und dessen Blätter nicht verwelken.

Psalm 1,1–3

Zwischenstück: Das Loch im Zaun

Das ist eine spannende und bewundernswerte Kombination: Psychotherapeut, Priester, Philosoph und Inder. Ich beziehe mich damit, wie schon oft in meinem Denken, Reden und Beten, auf den Jesuiten und Therapeuten Anthony de Mello. Leider ist er viel zu früh, mit 55 Jahren im Jahr 1987, gestorben, er hat aber ein großes Werk hinterlassen mit verblüffenden philosophischen und religiösen Einsichten. Er war ein großer Geschichtenerzähler, schöpfte aus der westlichen und der östlichen Tradition gleichermaßen, zeigte damit das Verbindende, weniger das Trennende auf. Eine seiner schönsten Geschichten hängt mit der Frage zusammen, warum Gott keine perfekte Welt geschaffen hat – auf diese Frage werden wir in diesem Buch noch zurückkommen –, und sie geht so:

Wieder einmal war eines der Schafe durch das Loch im Weidenzaun entwischt. Und wieder einmal entging dieses Schaf nur knapp der Katastrophe, weil es fast unter die Wölfe geraten war. Trotz des mehrfachen und heftigen Drängens der Freunde des Hirten, er solle doch endlich das Loch im Zaun schließen, antwortete der: Ich darf das Loch im Zaun nicht schließen, ich muss meinen Schafen die Freiheit sichern.

Donnerwetter! Diesen Satz muss man kauen und dann auf der Zunge zergehen lassen.

Wie das atheistischste Land Europas meinen Glauben stärkte

»Herr Kaplan«, sagte mein Vater zu dem neu in unsere Pfarrei gekommenen Priester Hans Börsch, »mein Sohn Willibert ist so schüchtern. Können Sie den nicht mal ein bisschen aus unserem Haus locken?«

Ja, liebe Leserschaft, Sie haben richtig gelesen: Willibert Pauels, der bekleidet mit einer Pappnase, einem schwarzen Hütchen, einer Hochwasserhose und mit einem Mikrofon bewaffnet große Säle mit Tausenden von Zuschauern ohne jede Scheu bespaßen kann, war in seiner Jugendzeit ein schüchterner Junge. Angefüllt mit diversen Ängsten, aus welchen Gründen auch immer, spielte ich zwar immer schon den Klassenclown, war aber zugleich mächtig gehemmt und blieb am liebsten zu Hause, entzog mich dem jugendlichen Leben draußen. Ich saß im elterlichen Nest fest. So um das Jahr 1970 wandte sich also mein Vater, der sich Sorgen um den Sohn machte, an den jungen Priester. Eines Tages läutete das Telefon bei uns zu Hause, ich wurde gerufen, der Herr Kaplan Börsch wolle mich sprechen. Ich meldete mich zögernd mit meinem Namen, und der Herr Kaplan sagte: »Willibert, ich habe eine Bitte: Könntest du am Samstagabend nicht bei mir vorbeikommen, damit wir uns mal kennenlernen und miteinander reden? Was hältst du davon?« Durch jahrelange Erziehung war mir klar, dass man geweihten Häuptern nicht widersprechen darf, und ich antwortete: Adsum, ich bin bereit.

Am Samstagabend machte ich mich also auf in die Kaplanei neben der großen, schweren romanischen Kirche St. Nikolaus in Wipperfürth. Ich stieg die Stufen zur Wohnung hinauf und war leicht erschrocken, als ich das Wohnzimmer gefüllt sah mit Jugendlichen beiderlei Geschlechts. Der Herr Kaplan hatte eine Truppe zusammengetrommelt, und nun, einmal da, fühlte ich mich alsbald sauwohl. Die samstagabendlichen Treffen in dieser Wohnung wurden zur Routine. Nach und nach entwickelten sich der Kaplan und diese Runde, in der eifrig diskutiert und viel gelacht wurde, zum Katalysator meiner Pubertät, zu ihrer Entgiftung. Hans Börsch, der sich für die Jugendlichen seiner Gemeinde Zeit nahm, ihnen einen Ort, Freundschaften und Gespräche ermöglichte, wurde zu einem wichtigen Menschen für mich und andere. Er zog uns so manchen giftigen Zahn falsch verstandener Religiosität.

So fragte er einmal: Wenn ihr an unseren Glauben denkt und gleichzeitig an eine Ampel – welche der drei Farben leuchtet auf? Manche antworteten, blinkendes Gelb, also etwa: Achtung, Sie betreten gefährliches Gebiet! Bei mir leuchtete wie selbstverständlich Rot auf. Stopp! Ich verband Religion nur mit Gebot und Verbot. Das entsprach der damals üblichen religiösen Erziehung jener, die in den 50er-Jahren geboren worden waren. Der Kaplan sagte jetzt aber: Seltsam! Was meine Religiosität und eine Ampel angeht, habe ich noch nie etwas anderes gesehen und empfunden als Grün. Du darfst gehen!

Religion war und ist für ihn der Inbegriff der Freiheit, sie machte ihm Beine, sie bewegte ihn und die Welt, sie führte in einen Freiraum, in den man als junger Mensch voll Vertrauen aufbrechen konnte. Aber so schnell verstanden ich und auch manch anderer in der Runde das nicht. Das musste geklärt werden: im Kopf von jedem von uns, aber auch im Bauch und im Herz.

So nahm er uns mit auf einen Parforceritt durch die Philosophiegeschichte, zeigte uns anschaulich und einsichtig, dass der wahre Zweck des uns von Gott gegebenen Verstandes nur einer ist: alles wegzuschneiden, was der Liebe und was der Erkenntnis im Wege steht. Viele Jahre später fand ich seinen philosophischen Ansatz bei einem meiner Lieblingspoeten, Reiner Kunze. Auf die alte Frage, was denn wichtiger sei, das Gefühl oder der Verstand, antwortet er in einem Gedicht:

Die Liebe
Die liebe
ist eine wilde rose in uns
Sie schlägt ihre wurzeln
in den augen,
wenn sie dem blick des geliebten begegnen
Sie schlägt ihre wurzeln
in den wangen,
wenn sie den hauch des geliebten spüren
Sie schlägt ihre wurzeln in der haut des armes,
wenn ihn die hand des geliebten berührt
Sie schlägt ihre wurzeln,
wächst wuchert
und eines abends
oder eines morgens
fühlen wir nur:
sie verlangt
raum in uns

Die liebe
ist eine wilde rose in uns,

unerforschbar vom verstand
und ihm nicht untertan
Aber der verstand
ist ein messer in uns

Der verstand
ist ein messer in uns,
zu schneiden der rose
durch hundert zweige
einen himmel*

»Der Verstand ist ein Messer in uns, zu schneiden der Rose durch hundert Zweige einen Himmel.« Genau diese Sicht, aber nicht mit einem Gedicht, sondern mit dem Instrument der philosophisch messerscharfen Argumentation, brachte uns der Kaplan bei: Bedient euch eures Verstandes, aber bedient euch seiner so, dass er einem noch Höheren dient, und das Höchste ist die Liebe. Dem fügte er dann hinzu: Unser Glaube sagt, dass wir der Wahrheit des Göttlichen niemals näherkommen als in dem Augenblick, wo wir ehrlich und wehrlos und total lieben. Gefühl und Verstand sind keine Konkurrenten. Sie werden es aber dann, wenn aus einem ehrlichen und klaren Gefühl eine Gefühligkeit wird, eine kitschige Schwärmerei, die es leider auch in den Religionen immer wieder gibt. »Du, Jesus liebt dich« – das rutscht schnell ab in eine sektiererische Gefühligkeit. Ich merke das daran, wenn mein religiöses Gefühl den Verstand zudeckt, ihn wegdrängt, ihm sogar widerspricht, weil ich auf eine seltsame religiöse Schiene geraten bin, die meinen Verstand, die Wahrnehmung der Menschen und der Welt um mich in Nebel taucht, nicht

* Aus: Rainer Kunze, Die wunderbaren Jahre. Prosa © 2002, S. Fischer Verlag GmbH, Frankfurt am Main

Klarheit und freie Sicht schafft, sondern eine diffuse Schein-
welt, über die keine vernünftige Verständigung möglich ist.
Darin bewegt man sich in einer eigenartigen Un-Wirklichkeit.
Von diesem Unsinn, der zum Beispiel im Kreationismus ein
Zuhause hat, befreite uns unser Kaplan. Mit seinem messerscharfen Verstand schnitt er hundert Zweige weg, damit die
Rose in uns Raum fand und zum »Himmel« wachsen konnte.
Er wurde damit zum besten Gefährten der entscheidenden jugendlichen Lebenszeit für zahlreiche Mädchen und Jungen in
der Gemeinde St. Nikolaus zu Wipperfürth und darüber hinaus. Von dem einstmals kleinen, schüchternen Willibert, der
aus seinem wohligen Nest gelockt werden musste, wünschte
sich nun der alte Priester Johannes Börsch die Festpredigt an-
lässlich seines Goldenen Priesterjubiläums. Ach, wie wahr ist
doch der Satz von Hans Conrad Zander: »Bei jungen Frauen
und alten Priestern wird mein Herz weich.«

Eines Tages, einige Zeit vor den großen Ferien, sprach der
junge Priester Hans Börsch meinen Freund Udo und mich an,
ob wir Interesse hätten an einem kleinen Abenteuer. Er erzählte uns in fast verschwörerischem Ton, dass er seit seiner
Studentenzeit mit einem Freund, Heribert Heyberg, regelmäßig in die damals zum Sowjetimperium gehörende Tschechoslowakei reise. Der sei auch Priester, unterwegs seien sie – ge-
tarnt als Touristen – im Auftrag des Heiligen Vaters. Also als
Undercover-Agenten, um religiöses Material, verbotene Literatur, Geld und einmal sogar eine Goldplatte für liturgische
Geräte über die Grenze zu schmuggeln. Ob wir bereit wären,
uns mit auf eine solche Schmugglertour zu begeben?

Natürlich mussten wir unsere Eltern fragen, aber die waren auch katholisch sozialisiert. Wäre die Sache von irgend-
jemand anderem betrieben worden, hätten sie aus Sorge um
ihre Söhne glatt abgelehnt. Aber beim Herrn Kaplan … Unse-

re Mütter nähten sogar professionelle Schmugglergürtel. Die schnallte man sich unter einen weiten Pullover, Hemd und Unterhemd, sie hatten tiefe Taschen, in denen diverse Bücher, Geld und anderes in der Tschechoslowakei verbotenes oder unerreichbares Gut verschwanden. Mit dem kleinen grünen R4 des Kaplans passierten wir die Grenze im Bayerischen Wald. Natürlich waren wir nervös. Natürlich wurde der ganze Wagen untersucht. Interessanterweise haben die Grenzer aber auf keiner unserer mehrfach unternommenen Reisen unsere Körper untersucht, immer nur das Auto. Ich nehme an, sie wussten sehr wohl, dass da nicht nur harmlose Touristen reisten. Vielleicht hat uns die Geheimpolizei auch immer fest im Auge gehabt – wer weiß. Aber mit dem Geld kamen ja auch dringend benötigte Devisen ins Land. Uns fiel nach jeder Grenzüberquerung, die wir mit einem Trommelfeuer an Stoßgebeten unternahmen, ein Stein vom Herzen. Als fromme Schmuggler betraten wir unbehelligt das »feindliche«, atheistische Land.

Heute noch sagt mancher, zum Teil auch mit einem schrägen Stolz, die Tschechische und die Slowakische Republik seien die atheistischsten Länder Europas. Aber ich lernte die damalige Tschechoslowakei ganz anders kennen. Wir trafen dort auf Menschen, die tatsächlich in einem äußeren, strengen Gefängnis leben mussten, aber sie bewiesen eine erstaunliche innere Freiheit. So besuchten wir bei jeder Reise in das Land einen alten Pfarrer. Eine wunderbare Legende hatten wir für mögliche Polizeibefragungen, was wir bei dem Mann wollten, vorbereitet. Auf dem kleinen Friedhof seiner Pfarrei, neben einer halb verfallenen Kirche, bei der dieser alte Priester in Einsamkeit lebte, befindet sich das Grab von Ulrike von Levetzow. Wer sich ein wenig mit Johann Wolfgang von Goethe auskennt, weiß, dass der Greis sich hemmungslos in die 18-jährige Ulrike verliebt hatte. Ulrikchen war unsere Tarnung. Aber wenn wir auch, schon um nicht lügen zu müssen, jedes Mal am Grab der Angebeteten unseres Dichterfürsten standen und für ihr und sein Seelenheil ein Ave-Maria beteten, waren die Geschichten des alten Pfarrers viel interessanter als das Grab. Die Treue zu seinem Glauben hat mich berührt, sie klingt bis heute nach. Er erzählte im Singsang und in der Tonlage des braven Soldaten Schwejk zum Beispiel dieses: »Schauen Sie, meine lieben Freunde. Ich habe gerade letzte Woche mich unterhalten mit unserer Metzgerin. Und da sagt sie: Herr Pfarrer, wir haben Sie alle gern, aber bitte besuchen Sie uns nicht. Es ist zu gefährlich.« Ich hörte das und habe mich gefragt: Wie kann dieser Mann in einer Atmosphäre, die ihn zur Einsamkeit verurteilt, diese innere Freiheit und echte Liebenswürdigkeit ausstrahlen?

Ein anderer Besuch fand bei einer Gruppe junger Männer statt, die in einer Wohngemeinschaft lebten. Jeder von ihnen ging seinem Beruf nach. Als wir im Wohnzimmer dieser WG saßen, stand einer der Gastgeber auf und ging an das Eckschränkchen, um daraus, wie ich hoffte, endlich die Flasche mit dem leckeren Aperitif hervorzuholen und uns davon anzubieten – das Möbel sah halt aus wie ein klassischer Barschrank. Er öffnete ihn – und machte eine Kniebeuge. Es war ein Tabernakel. Die WG war nichts anderes als eine Ordensgemeinschaft im Geheimen.

Noch ein Besuch, mitten in Prag. Ihr werdet jetzt einen interessanten Menschen kennenlernen, sagte unser Kaplan, er ist Fensterputzer und heißt Miloslav Vlk. Na toll, dachte ich mit einem leichten Hochmut, wir besuchen einen Fensterputzer! Aber als wir bei ihm saßen, der Kaplan und Miloslav sich in die Arme fielen, erfuhren wir über diesen Menschen weitaus mehr. In Wahrheit war er Professor der Philosophie und der Theologie. Im Prager Frühling wurde er zum Priester geweiht, durfte sogar an der Universität unterrichten. Dann walzten die russischen Panzer die zarte rote Nelke des Prager Frühlings nieder. Nach Dubček kam ein moskauhöriger Apparatschik, der für sozialistische Disziplin in der Partei und strenge Herrschaft in der Gesellschaft sorgte. Die Schrauben wurden fest angezogen. Miloslav Vlk musste seinen Lehrstuhl an der Universität selbstverständlich verlassen. Um ihn zu demütigen und um öffentlich zu demonstrieren, dass die Macht des Parteiapparates wieder da ist und durchgreift, wies man ihm eine Arbeitsstelle zu, denn Arbeitslose gibt es im Sozialismus nicht, aber Menschen, die sich in den Dienst der Religion stellen, sollte es eben auch nicht geben. Also: Fensterputzer. So zog der Herr Professor Morgen für Morgen brav durch die Straßen Prags, um unzähligen Fenstern mit Leder, Eimer und Wasser den sauberen Durchblick zu geben. Aber, so erzählte er uns, in seiner Freizeit mache er regelmäßig Wanderungen in der schönen Moldaulandschaft. Und wie es der Zufall will, gesellten sich immer mehr junge Menschen auf diesen Wanderungen hinzu. Diese Ausflüge waren nichts anderes als die Fortsetzung der Universitätsseminare mit seinen Studenten.

Nachtrag:

Der Spuk des Kommunismus im übergroßen Reich der Sowjetunion und ihrer Bruderstaaten ist vorbei. Miloslav Vlk putzte nach dem Zusammenbruch des Systems keine Fenster mehr. Für klare Sicht sorgte er dennoch mit seinem eigentlichen Beruf. Was haben wir uns gefreut, als das Radio die

Nachricht sendete, der neue Erzbischof von Prag heiße Miloslav Vlk! Ich kommentierte das so: In sein Bischofswappen lässt er sich als Symbole sicher ein Putztuch und einen Eimer mit Wasser setzen. Er wurde Kardinal, er war sehr geachtet und beliebt. Die Menschen kannten seine Geschichte. Er starb im Mai 2017 in Prag an der schönen Moldau.

Von diesen Menschen in der damaligen Tschechoslowakei habe ich gelernt, dass der Glaube, sei er auch noch so ein zartes Pflänzchen, die Kraft hat, jede Betondecke zu durchstoßen – wie Löwenzahn.

Die Bibel sagt:

Als der Herr unser Schicksal wandte
und uns freiließ,
da waren wir wie die Träumenden,
da war unser Mund voll Lachen
und unsere Stimme voll Jubel.
Da sagte man unter den Völkern:
»Gott hat Großes an ihnen getan.«
Ja, Gott hat Großes an uns getan
und wir waren fröhlich
über seine Freundlichkeit.
Wende nun, Gott,
unser Schicksal aufs Neue.
Du gibst den Bächen im Südland Wasser,
wenn sie trocken sind.
Gib nun auch uns Leben aus deiner Kraft.
Die mit Tränen säen,
werden mit Jubel ernten.
Man schreitet den Acker hin und wieder her.

Weinend wirft man den Samen aus
und mit Jubel wird man heimkehren
und seine Garben
hoch auf der Schulter tragen.

Psalm 126

Zwischenstück: Nicht gegen die Moderne, sondern in ihr

Auch noch heute, mehr als 30 Jahre nach dem Ende der so-
zialistischen Regime, sind sie die »atheistischsten Länder
Europas«: die Tschechische und die Slowakische Republik.
Nix dazu gelernt? Könnte man so sagen. Allerdings ist das
nichts Neues: Im Buch Exodus erzählt die Bibel, wie das Volk
Israel aus der Knechtschaft des Pharaos durch Gottes Fügung
befreit in die Wüste, auf den Weg ins eigene Land und in die
Freiheit zog, aber dann erst mal das selbst gegossene Goldene
Kalb als Gottheit umtanzte. Warum sollten Menschen heute
anders sein? Natürlich bedeutet der Wegfall der Unterdrückung für die Religiosität oft, dass sie sich säkularisiert und
dem Götzen des Konsums, dem Goldenen Kalb, und seinen
Kathedralen des Konsums, den City-Malls, Platz macht. Aus
welchem zwingenden Grund sollte es den beiden Ländern,
die aus der Tschechoslowakei hervorgegangen sind, anders
ergehen?

Dennoch, bis heute finde ich gerade in der Tschechischen
Republik immer wieder Menschen, deren Glaube kraftvoll in
ganz Europa ausstrahlt. Einer von ihnen ist der Psychotherapeut, Philosophieprofessor und Priester Tomáš Halík. Was er

in seinen Büchern veröffentlicht, ist von solch einer Klarheit, großer Brillanz und aufgeschlossener, gut bedachter Religiosität, dass ich darin die beste Antwort auf die Säkularisierung entdecke und auch selbst großen Gewinn davon habe. Dagegen kommt es mir vor, als würde zum Beispiel die Kirche in Polen, oder zumindest ihre bestimmende Mehrheit, mit ihrer schroffen Verneinung der Moderne und dem Rückzug in das Bollwerk eines Katholizismus, den es nicht einmal mehr im Vatikan gibt (?) und der die Menschen unmündig hält, einen schon verlorenen Kampf ausfechten. Auf Dauer lassen sich Menschen nicht das eigene Denken verbieten. Tomáš Halík nennt diese polnische Art von Rückzugs- und vorkonziliarer Religiosität einen »Katholizismus ohne Christentum«. Das Wort ist ein harter Schlag, es bringt die Sache aber auf den Punkt und kann in seiner Unerbittlichkeit der Kirche eigentlich nur helfen, das Christentum neu für sich zu entdecken.

Wenn die katholische Kirche ein soziologischer Block gegen die Moderne wird, stiftet das natürlich eine gewisse Identität durch Abgrenzung, aber sie ist hohl: Katholizismus ohne Christentum eben. Denn christlicher Glaube schließt sich von seinem Wesen her nicht ein und ab, sondern geht auf Menschen zu, ist mit Menschen und in ihrer Realität »Sauerteig« und »Salz«.

Die Bücher von Tomáš Halík lege ich Ihnen, liebe Leserinnen und Leser, wärmstens ans Herz! Wer moderne Theologie lesen will, auf der Höhe der Zeit, mit Fragen und Themen aus und in dieser Zeit, dennoch durchdrungen von tiefer Frömmigkeit, gewachsen und geprüft im Gefängnis des Kommunismus – auch Tomáš Halík musste heimlich zum Priester geweiht werden –, der versuche es mit seinen Büchern. Einen kurzen Text von ihm, »Der Durst nach Gott«, zitiere ich hier als Beispiel. Es geht darum, dass vielen die Tatsache des Bösen und des Leids in der Welt den Glauben an Gott raubt. Also die klassische Theodizeefrage. Halík schreibt:

Ich gebe zu, dass ich dieser Versuchung nicht ausgesetzt war. Ich habe es eher umgekehrt begriffen und erlebt: Nur weniges rief in mir so stark den Durst nach Sinn hervor wie die Absurditäten der Welt, und nur weniges so stark *den Durst nach Gott* wie die offenen Wunden der Schmerzen, die das Leben mit sich bringen kann. (...) Wenn die Welt vollkommen wäre, wäre sie selbst Gott, und es gäbe in ihr keine Frage nach Gott. Ein Gott, der sich narzisstisch in dem unbeschädigten Spiegel seiner vollkommenen, völlig harmonischen Welt ohne Widersprüche, Gegensätze und Rätsel anschauen würde, das wäre nicht *mein* Gott, nicht der Gott der Bibel, nicht der Gott meines Glaubens.[*]

---

[*]   Aus Tomáš Halík: *Berühre die Wunden*, Herder, Freiburg 2019.

Sechste Geschichte:
Wie ein 1500 Jahre altes Lied meine Seele verzaubert

Seit anderthalbtausend Jahren wird er gesungen, ein Hymnus in der katholischen Liturgie, der in sich eine der verblüffendsten Paradoxien enthält. In diesem uralten Lied wird unter anderem die Sünde gepriesen. Wie kann eine Religion, die nach Auffassung vieler doch ihre Daseinsberechtigung darin hat, die Sünde zu bekämpfen, ein sündenfreies Leben zu empfehlen, es zu begleiten und zu fördern, wie kann also eine Religion ausgerechnet die Sünde preisen? Nun, diese Religion benutzt – völlig zu Recht – einen dialektischen Trick: Ohne Sünde gäbe es auch keine Vergebung. Ohne Schuld keine Befreiung von Schuld. Das erinnert an den Kinderwitz: Der Pastor fragt im Religionsunterricht: Liebe Kinder, was ist die Voraussetzung für die Vergebung der Sünden? Reue, wollte er natürlich hören, und Bereitschaft zum Sündenbekenntnis. Der kleine Junge, der sich meldet, sagt: Herr Pastor, die Voraussetzung zur Vergebung der Sünden ist, dass wir sündigen. Richtig! Der uralte Gesang, der das faszinierende Paradox der Lobpreisung der Schuld enthält, ist das *Exsultet*.

Exsultet, auf Deutsch »es jauchze« oder »frohlocket«, ist das Osterlob, das in der Licht- und Auferstehungsfeier in der Nacht zum Ostersonntag gesungen wird. Früher gab es diesen Lobgesang nur auf Latein, heute natürlich auch auf

Deutsch. Nun erschrecken Sie bitte nicht: Ich übernehme hier in meine zu erzählende Geschichte den vollständigen deutschen Text des Exsultet, gebe Ihnen aber direkt einen Tipp dazu: Das können Sie alles lesen, müssen es aber nicht. Sie können die Verse auch überspringen und die Geschichte dahinter weiterlesen. Vielleicht interessiert Sie dieser alte und schöne, nicht ganz leichte Text aber auch. Oder er interessiert Sie, wenn sie die ganze Geschichte gelesen haben, dann kehren Sie einfach zu seinen Versen zurück. Oder Sie haben nicht jetzt, aber irgendwann einmal, sei es in einer besonders dunklen Stunde Ihres Lebens, sei es in einer besonders hellen, frohen und österlichen Stunde, das Bedürfnis, in das überlieferte Lob des Osterlichtes einzustimmen – dann wissen Sie, wo Sie es schnell finden. Hier:

Frohlocket, ihr Chöre der Engel,
frohlocket, ihr himmlischen Scharen,
lasset die Posaune erschallen,
preiset den Sieger, den erhabenen König!

Lobsinge, du Erde, überstrahlt vom Glanz aus der Höhe!
Licht des großen Königs umleuchtet dich.
Siehe, geschwunden ist allerorten das Dunkel.

Auch du freue dich, Mutter Kirche,
umkleidet von Licht und herrlichem Glanze!
Töne wider, heilige Halle,
töne von des Volkes mächtigem Jubel.

Darum bitte ich euch, geliebte Brüder,
ihr Zeugen des Lichtes, das diese Kerze verbreitet:
Ruft mit mir zum allmächtigen Vater

um sein Erbarmen und seine Hilfe,
dass er, der mich ohne mein Verdienst, aus reiner
Gnade,
in die Schar der Leviten berufen hat,
mich erleuchte mit dem Glanz seines Lichtes,
damit ich würdig das Lob dieser Kerze verkünde.

– Der Herr sei mit euch.
– Und mit deinem Geiste.
– Erhebet die Herzen.
– Wir haben sie beim Herrn.
– Lasset uns danken dem Herrn, unserm Gott.
– Das ist würdig und recht.

In Wahrheit ist es würdig und recht,
den verborgenen Gott, den allmächtigen Vater,
mit aller Glut des Herzens zu rühmen
und seinen eingeborenen Sohn,
unsern Herrn Jesus Christus,
mit jubelnder Stimme zu preisen.

Er hat für uns beim ewigen Vater Adams Schuld bezahlt
und den Schuldbrief ausgelöscht mit seinem Blut, das er
aus Liebe vergossen hat.

Gekommen ist das heilige Osterfest,
an dem das wahre Lamm geschlachtet ward,
dessen Blut die Türen der Gläubigen heiligt
und das Volk bewahrt vor Tod und Verderben.

Dies ist die Nacht,
die unsere Väter, die Söhne Israels,

aus Ägypten befreit
und auf trockenem Pfad durch die Fluten des Roten Mee-
res geführt hat.

Dies ist die Nacht,
in der die leuchtende Säule
das Dunkel der Sünde vertrieben hat.

Dies ist die Nacht,
die auf der ganzen Erde alle, die an Christus glauben,
scheidet von den Lastern der Welt,
dem Elend der Sünde entreißt,
ins Reich der Gnade heimführt
und einfügt in die heilige Kirche.

Dies ist die selige Nacht,
in der Christus die Ketten des Todes zerbrach
und aus der Tiefe als Sieger emporstieg.

Wahrhaftig, umsonst wären wir geboren,
hätte uns nicht der Erlöser gerettet.

O unfassbare Liebe des Vaters:
Um den Knecht zu erlösen, gabst du den Sohn dahin!

O wahrhaft heilbringende Sünde des Adam,
du wurdest uns zum Segen,
da Christi Tod dich vernichtet hat.

O glückliche Schuld,
welch großen Erlöser hast du gefunden!

O wahrhaft selige Nacht,
dir allein war es vergönnt, die Stunde zu kennen,
in der Christus erstand von den Toten.

Dies ist die Nacht, von der geschrieben steht:
»Die Nacht wird hell wie der Tag,
wie strahlendes Licht wird die Nacht mich umgeben.«
Der Glanz dieser heiligen Nacht
nimmt den Frevel hinweg,
reinigt von Schuld,
gibt den Sündern die Unschuld,
den Trauernden Freude.
Weit vertreibt sie den Hass,
sie einigt die Herzen
und beugt die Gewalten.

In dieser gesegneten Nacht, heiliger Vater,
nimm an das Abendopfer unseres Lobes,
nimm diese Kerze entgegen als unsere festliche Gabe!
Aus dem köstlichen Wachs der Bienen bereitet,
wird sie dir dargebracht von deiner heiligen Kirche
durch die Hand ihrer Diener.

So ist nun das Lob dieser kostbaren Kerze erklungen,
die entzündet wurde am lodernden Feuer zum Ruhme des
Höchsten.

Wenn auch ihr Licht sich in die Runde verteilt hat,
so verlor es doch nichts von der Kraft seines Glanzes.

Denn die Flamme wird genährt vom schmelzenden
Wachs,

das der Fleiß der Bienen für diese Kerze bereitet hat.
O wahrhaft selige Nacht,
die Himmel und Erde versöhnt,
die Gott und Menschen verbindet!

Darum bitten wir dich, o Herr:
Geweiht zum Ruhm deines Namens,
leuchte die Kerze fort,
um in dieser Nacht das Dunkel zu vertreiben.
Nimm sie an als lieblich duftendes Opfer,
vermähle ihr Licht mit den Lichtern am Himmel.

Sie leuchte, bis der Morgenstern erscheint,
jener wahre Morgenstern, der in Ewigkeit nicht untergeht:
dein Sohn, unser Herr Jesus Christus,
der von den Toten erstand,
der den Menschen erstrahlt im österlichen Licht;
der mit dir lebt und herrscht in Ewigkeit.
– Amen.

Die älteste uns erhaltene Textfassung dieses Hymnus stammt vom Ende des 4. oder dem Anfang des 5. Jahrhunderts aus dem heutigen Norditalien oder Südfrankreich, sein Verfasser ist nicht bekannt. Wir wissen aber, dass bereits noch früher in der Liturgie ein Lob auf die Osterkerze gesungen wurde, ur- sprünglich vielleicht in Mailand entstanden, lange bevor der uns überlieferte Text einen festen Platz in den Osterfeiern der Kirche auf der ganzen Welt erhielt.

Das Exsultet zu singen ist die vornehmste Aufgabe des Di- akons in der Liturgie. Sie verstehen, dass mich das freut und dieses Lied zu singen mich immer wieder mit dieser Freude erfüllt. Gesungen wird es in der schönsten liturgischen Feier im Jahreslauf der katholischen Inszenierungen, in der Feier der Osternacht.

Wie unter einem Brennglas feiert die katholische Kirche ja die drei wichtigsten Tage ihrer Religion, Gründonnerstag, Karfreitag und Ostern, und spiegelt darin das Drama und die Schönheit der gesamten menschlichen, ja sogar kosmischen Wirklichkeit.

Das Leben ist stets bedroht vom Skandal des Todes. Die Tiere, die ganz im Hier und Jetzt leben, nicht in einem Bewusstsein reflektieren über ihre Existenz und deren Ende, selbst sie haben instinktiv Angst vor dem Tod, wenn er unmittelbar droht. Der Mensch aber weiß ein Leben lang, dass er sterben muss. Deshalb gehen alle Dramen und Geschichten, Tragödien und Erzählungen im Grunde um dieses Drama des Todes, des Leidens und der Angst davor – und um das beste Gegenmittel: die Liebe.

Das Christentum hat ein Todeszeichen zu seinem zentralen Symbol gemacht: das Kreuz. Es ist im Grunde genommen nichts anderes als ein im Römischen Reich übliches Folterwerkzeug zum Tode. Aus diesem Zeichen wurde – nein, nicht im Sinne von aufgehoben oder abgeschwächt – *auch* ein religiöses Erlösungszeichen, weil die Erlösungsgeschichte im Glauben aller Christen sich in ihrem Tod vollendet. Dieses Zeichen, so sagt Hans Conrad Zander, ist für ihn der Grund, warum er selbst, hätte er wählen können, aus allen Religionen sich die christliche ausgesucht hätte. Er, der ehemalige Dominikanermönch und kluge, auch kritische und spöttische Autor, sagte einmal zu mir: Herr Pauels, das Christentum ist deshalb für mich so faszinierend, weil es die einzige Religion ist, die das Leiden nicht verdrängt. Es wird nicht wegerklärt als Strafe der Götter, nicht wegmeditiert in ein Nirwana, es wird nicht verdrängt und weggeschoben in einer Religion des Hedonismus. Das Leiden und der Tod werden benannt und sogar im zentralen Zeichen der Religion dargestellt. Das Christentum nimmt das Leiden ernst, geht doch sein Stifter an diesem Leiden jämmerlich zugrunde. Er wird damit zum Mitleidenden von allen gefolterten, sterbenden, weinenden und trauernden Kreaturen dieser Welt. Vielleicht ist das einer der Gründe der unglaublichen Erfolgsgeschichte des Christentums. Den Heiden eine Torheit und eine Narrheit, so sagt es der Apostel Paulus, aber denen, die glauben können an den Gekreuzigten, ein Trost. Jesus Christus war solidarisch. Er ist in unseren Tod gegangen.

Aber er ist nicht darin geblieben!

Am Gründonnerstagabend, dem Beginn der drei wichtigsten Tage unserer Religion, feiern die Christen das Abschiedsmahl Jesu. Der Tradition seiner Religion, dem Judentum, folgend, hat Jesus sich mit seinen Freunden zum Pessachmahl zusammengefunden und damit an den Auszug des Volkes Israel aus Ägypten und die Befreiung aus der Sklaverei erinnert. Er hat ihnen die Füße gewaschen. Er hat das ungesäuerte Brot zum Symbol seines Leibes, seines Todes und seiner Hingabe gedeutet und eingesetzt, den Kelch mit Wein zum Symbol seines Blutes – dazu muss man wissen, dass im antiken Verständnis das Blut der Sitz der Seele war; deshalb opferte man auch das Blut –, der Versöhnung und der Erlösung aller Menschen gemacht. In wenigen Zeilen ist gar nicht aufzuschreiben, was das alles an Sinn birgt, wenn Menschen sich durch die Jahrhunderte und wir uns heute im Namen Jesu um den Altartisch mit Brot und Wein versammeln: Nahrung, und zwar handfeste, von Gott; die Gegenwart Jesu, der uns niemals allein lässt; wir werden mitgenommen in den Tod und in die Auferstehung dessen, der uns auch das Schlimmste verzeiht, der die Angst, besonders die Todesangst mit uns teilt und durchsteht zu einem neuen Leben ohne Angst, in Gemeinschaft mit ihm und untereinander; es bedeutet das Ende von Menschenopfern und Blutrache, dass Menschen zu Opfern gemacht werden; es bedeutet, dass die Verheißung des Evangeliums, das Himmelreich, zwischen uns lebendig bleibt und wächst ...

Am nächsten Tag, am Karfreitag, »zur neunten Stunde«, wie es in der antiken Stundenzählung heißt, für uns um 15 Uhr, feiert die Kirche überall auf der Welt das Leiden und Sterben unseres Herrn Jesus Christus. Die Feier ist verstörend schmucklos, karg. Seit dem Vortag, seit dem Gloria, dem »Ehre sei Gott« in der Feier des Letzten Abendmahls, wird keine Orgel mehr gespielt, läuten keine Glocken mehr, nach der Feier ist kein Schmuck mehr in der Kirche, keine Blumen, kein Weihwasser – das Zeichen des Lebens durch die Taufe –, der Altar ist leergefegt, der Tabernakel steht offen und leer. Der »Kelch des Heiles« ist sozusagen umgestürzt. Hunger und Durst, die Sehnsüchte des Menschen nach Gott, Leben und Frieden werden nicht mehr gestillt. Jedes Kind versteht das: So ist es, wenn der Tod zuschlägt. Unbarmherzig, gnadenlos. Und dabei bleibt es, wenn die Atheisten recht haben: bei der Verrottung auf dem kosmischen Abfallhaufen des Nichts. In einer kargen und sperrigen Liturgie wird uns »zur neunten Stunde« das Leiden und Sterben Jesu sinnfällig vor Augen geführt. Die lange, schmerzhaft berührende Passionsgeschichte wird vorgelesen, unterbrochen von traurigen Gesängen ohne Begleitung von Instrumenten:

O Haupt voll Blut und Wunden,
voll Schmerz und voller Hohn,
o Haupt, zum Spott gebunden

mit einer Dornenkron,
o Haupt, sonst schön gekrönet
mit höchster Ehr und Zier,
jetzt aber frech verhöhnet:
Gegrüßet seist du mir!

Paul Gerhardt, der evangelische Christ, hat diese Zeilen nach einem lateinischen Hymnus im 17. Jahrhundert gedichtet, die Melodie ist von Hans Leo Haßler und der »fünfte Evangelist« Johann Sebastian Bach hat diesen Choral in seiner Matthäuspassion eingesetzt. Jede und jeder wird von der Stimmung dieses traurigen, jedoch auch eigenartig trostreichen Gesangs ergriffen, wenn seine Strophen als unsere Menschenantwort zur Leidensgeschichte des Gottessohnes angestimmt werden. Die in unserem Gesangbuch letzten beiden Strophen lassen ganz leise, zaghaft, die Hoffnung aufkeimen, dass es vielleicht doch nicht beim Tod bleibt:

Wenn ich einmal soll scheiden,
so scheide nicht von mir.
Wenn ich den Tod soll leiden,
so tritt du dann herfür.
Wenn mir am allerbängsten
wird um das Herze sein,
so reiß mich aus den Ängsten
kraft deiner Angst und Pein.

Erscheine mir zum Schilde,
zum Trost in meinem Tod,
und lass mich sehn dein Bilde
in deiner Kreuzesnot.
Da will ich nach dir blicken,

da will ich glaubensvoll
dich fest an mein Herz drücken.
Wer so stirbt, der stirbt wohl.[*]

Nach dieser sperrigen, aber dennoch berührenden Feier geht man nach Hause und früher – *als Religion noch nicht peinlich war* – hat man den ganzen Tag wirklich gefastet und ging am Abend mit knurrendem Magen schlafen.

Dann kommt der eigenartigste Tag im kirchlichen Jahr. Nirgendwo auf der Welt wird an diesem Tag eine Messe zelebriert. Das versteht auch jedes Kind: Jetzt liegt der Mensch im Grab. Wenn das Grab zugeschaufelt ist, wenn bei einem Verlust eines Menschen die Adrenalinschübe der ersten Aufregung über den Tod eines Menschen abgeklungen sind, wenn die praktischen Aufgaben der Benachrichtigungen über den Tod und der Organisation der Beisetzung erledigt sind, wenn viele gekommen sind, einen in den Arm genommen haben, mit einem gefühlt haben, dann aber wieder gehen, wenn plötzlich die Stille einkehrt: Dann beginnt die schlimmste Zeit. Verstummen. Trauer. Alleingelassen-Sein. Papst Benedikt XVI. hat den Karsamstag den »großen Tag« genannt. Vielleicht auch, weil er jedem Menschen, der ihn durchstehen muss, endlos vorkommt.

Ich darf aus dem Buch meines Freundes Heiner Koch, Erzbischof von Berlin, zitieren, denn er hat sehr gut gesagt, was auch ich denke und empfinde:

Tatsächlich erlebe ich: Das Leid ist für viele die Bastion ihres Unglaubens. Mit dem Argument des Leids der Unschuldigen meinen viele Atheisten, sie hätten das unwi-

---

[*] Gotteslob. Katholisches Gebet- und Gesangbuch, Stuttgart 2013, Nummer 289.

derlegbare Argument gegen die Existenz Gottes. Es ist die alte, gleichermaßen religiöse wie religionskritische Frage, wie sich die Existenz eines vollkommenen Gottes trotz des vielfältigen Leids in der Welt rechtfertigen lässt. Warum lässt ein guter, allmächtiger Gott das alles zu? Der Philosoph und Vordenker der Aufklärung Gottfried Wilhelm Leibniz (1646–1716) prägte dafür den Begriff »Theodizee« (griechisch: Rechtfertigung Gottes).

Das Nachdenken darüber ist freilich schon viel älter und findet sich bereits in den antiken Hochkulturen. Die Stoische Philosophie begegnete dem Problem mit apathischem Fatalismus: »Tja, undurchschaubares Schicksal eben. Kannste nix machen.« Epikur (gest. 272 v. Chr.) hingegen wird die Schlussfolgerung zugeschrieben: Gott kann entweder nicht allmächtig oder nicht gut oder nicht existent sein. Eins und Zwei scheiden aus, also muss wohl Drei richtig sein – so mag in dieser Frage auch heute mancher denken.

Das Christentum wiederum empfiehlt dem Klagenden und Fragenden Geduld und Aushalten – aus dem tiefen Glauben und Vertrauen heraus, dass Gott trotz allem bei uns ist. Auch wenn ich die Gründe für das, was geschieht, nicht verstehe und sie mir rätselhaft und ungerecht erscheinen, so halte ich doch an einer Zuversicht fest: Gott wendet sich nie von mir ab. Gott lässt mich auch im Leid nicht allein. Gott geht mit mir auch durch die Hölle.[*]

Das ist der Karsamstag. Da geht Gott durch die Hölle. An diesem Tag – das kann der rituelle Karsamstag in der vorösterlichen Woche sein wie der Tag und die Tage im Leben, wo

---

[*] Heiner Koch, Zu Gott ums Eck. © 2019, Gütersloher Verlagshaus, Gütersloh, in der Penguin Random House Verlagsgruppe GmbH

uns die Stille, das Verstummen, Trauer, Verlassenheit, Angst und die schmerzende Frage nach dem »Warum« überwältigen – bleiben uns nur »Geduld und Aushalten«. Denn Jesus Christus, »hinabgestiegen in das Reich des Todes«, wie es im Glaubensbekenntnis heißt, geht mit uns durch diese Hölle. Er hat sie ganz durchschritten: am Karsamstag.

Einen wahrhaftigen Karsamstagstext hat Jean Paul (1763–1825) verfasst. Es ist die berühmte *Rede des toten Christus vom Weltgebäude herab, dass kein Gott sei*. Was wäre, wenn Christus selber zu der Erkenntnis kommen und den Toten wie den Lebenden verkünden würde: Es gibt keinen Gott? Dann wäre der Karsamstag für uns alle »der letzte Tag«. Kein Morgen, kein Ostermorgen, am Ende eines jeden Seins bliebe das Nichts, die Hölle der Vernichtung. Da kann das Leben vorher gefüllt und wild ausgelebt und fröhlich gewesen sein, wie es will: Das Nichts hätte das letzte Wort. Absolut trostlos! Jean Paul:

(…) alle Toten riefen: »Christus! ist kein Gott?«
Er antwortete: »Es ist keiner.« (...)

Christus fuhr fort: »Ich ging durch die Welten, ich stieg in die Sonnen und flog mit den Milchstraßen durch die Wüsten des Himmels; aber es ist kein Gott. Ich stieg herab, soweit das Sein seine Schatten wirft, und schauete in den Abgrund und rief: ›Vater, wo bist du?‹ aber ich hörte nur den ewigen Sturm, den niemand regiert, und der schimmernde Regenbogen aus Wesen stand ohne eine Sonne, die ihn schuf, über dem Abgrunde und tropfte hinunter. Und als ich aufblickte zur unermeßlichen Welt nach dem göttlichen *Auge*, starrte sie mich mit einer leeren bodenlosen *Augenhöhle* an; und die Ewigkeit lag auf dem Chaos und zernagte es und wiederkäuete sich. – Schreiet fort, Mißtöne, zerschreit die Schatten; denn Er ist nicht!« (...)

Da kamen, schrecklich für das Herz, die gestorbenen Kinder, die im Gottesacker erwacht waren, in den Tempel und warfen sich vor die hohe Gestalt am Altare und sagten: »Jesus! haben wir keinen Vater?« – Und er antwortete mit strömenden Tränen: »Wir sind alle Waisen, ich und ihr, wir sind ohne Vater.«

Die Vorstellung und die Darstellung der Konsequenz von »Es ist keiner« sind abgrundtief trostlos. Wir alle wären unbehaust. Jean Paul sendet einem die Kälte dieser Vorstellung direkt ins Herz. Wenn ich in der Diskussion mit meinen atheistischen Freunden an diesem Punkt bin und jeder, der mitdenkt und nicht ideologisch blind ist, mir recht gibt, dass die Trostgeschichten der Religionen – vielleicht sogar die Trostgeschichten in diesem Buch – natürlich viel besser, weil menschlicher sind als das letztendliche, aber vielleicht ehrliche Eingeständnis einer gottlosen Welt, dann kommt ihr Geständnis: Ja, konsequent zu Ende gedacht ist da letztlich kein Trost. Der Existenzialismus in der Art des Albert Camus zum Beispiel empfiehlt dem Menschen, die trostlose Absurdität seines eigenen Daseins und der ganzen Welt anzuerkennen. Stellt er sich selbstbewusst der allgemeinen Sinnlosigkeit, kann er der tödlichen Verzweiflung (im Suizid) entgehen, indem er aktiv handelt, und frei immer wieder versuchen, gegen alle Widerstände sein Schicksal selbst zu gestalten: trotz allem und trotz aller Absurdität in diesen Versuchen. So kommt Camus zu dem Schluss: »Wir müssen uns Sisyphos als einen glücklichen Menschen vorstellen.« Oh nein! Ich kann mir die Ikone der verzweifelten Sinnlosigkeit, Sisyphos, der den Stein niemals auf den Berg rollen kann und immer wieder unten landet, nicht froh und glücklich vorstellen. Aber ich stehe genau wie meine atheistischen Freunde vor der bangen Frage: Was ist, wenn es stimmt – »Es ist keiner«? Lüge ich mir mit meinem Glauben an Gott selber in die Tasche?

Nein, das kann ich weder konsequent denken noch glauben. Die Alternative der endgültigen Trostlosigkeit ist so erschreckend, dass ich sie schlicht und einfach ablehne. Fehlt mir also der Mut? Bin ich ein Schaf, das blökend anderen Schafen in der Herde nachläuft, weil ich unbedingt getröstet werden möchte, das endgültige Urteil des vernichtenden Schlachters, des Todes, dumm und gegen alle Realität nicht wahrhaben will? Meine Antwort darauf gleicht der von Eugen Drewermann. Und die geht so:

Wenn meine atheistischen Freunde mir, freundlich wie sie sind, an diesem Punkt des Gesprächs sagen, ja ja, Willibert, ist ja schön, was du so glaubst, aber es ist nicht plausibel, denn aus dem Jenseits ist noch keiner zurückgekommen, ja ja, dein Jesus soll von den Toten zurückgekommen sein, aber so richtig dabei war niemand, oder?, ja ja, Willibert, dann liest du aus der Bibel vor: 5000 Zeugen sei er erschienen, uns erscheint auch so einiges, vor allem nachts und nach einer Flasche Wein, ja nee – is klar, die Erde ist eine Scheibe und Fische fahren Fahrrad, du kannst viel erzählen, aber plausibel ist es nicht, Willibert. Dann antworte ich mit Eugen Drewermann: »Der plausibelste Grund, zu glauben, dass es Wasser wirklich gibt, ist der Durst.«

Wieder ein Satz, den man kauen kann und auf der Zunge zergehen lassen muss.

In der Sehnsucht, im Durst wird, wenn er nicht ein Widerspruch in sich selbst ist, die Existenz dessen, wonach es dürstet, gewissermaßen belegt und als real vorausgesetzt: Wenn es Durst gibt, muss es auch Wasser geben. Das sieht jeder ein: Kein Mensch hätte Durst, wenn es nicht das gäbe, wonach er dürstet. Warum sollte es falsch sein, diesen logischen Schluss zu übertragen auf die Sehnsucht, die der Mensch in sich trägt, zu allen Zeiten, in allen Generationen, in allen Kulturen, die unstillbar ist, die zum Menschen gehört wie sein körperlicher Durst, und als einzig mögliche Antwort darauf das, was wir »Gott« nennen, die Chiffre für jenes außerhalb von uns, das uns trägt und birgt, tröstet und liebt, auffängt und rettet? Unser innerer Durst wird gelöscht durch das »lebendige Wasser«, von dem Jesus zur Frau am Jakobsbrunnen spricht (Johannesevangelium 4,6–15). Der Philosoph Heinrich Spaemann bezeichnet diese Sehnsucht nach dem Göttlichen als das »unsterbliche Gerücht«.

Mit der Vorstellung dessen, das wir Gott nennen, ist untrennbar verbunden, dass es etwas in uns gibt, das jenseits aller experimentell nachweisbaren physikalischen und biochemischen Kategorien existiert: eben das, was diese Sehnsucht weckt, unsere Seele. Obwohl sie nicht nachweisbar ist in naturwissenschaftlicher Stringenz, ist mir noch nie ein Mensch begegnet, der sagt, er fände es schrecklich, eine Seele zu haben. Im Gegenteil: Die Menschen, die ich getroffen habe, drücken ihre Sehnsucht nach »mehr« aus. Zumindest sagen sie, es *wäre* schön, wenn wirklich jeder Mensch in seiner Seele einmalig *wäre*. Wenn jede Seele größer und kostbarer *wäre* als das Universum. Wenn das Individuum, das unteilbar Einzelne eines jeden Menschen seine Seele *wäre*, in der sich das große Geheimnis spiegelt, das wir Gott nennen. Und wenn dieser Gott uns in der Seele die Zusage *gäbe*, dass jeder Mensch tatsächlich mehr ist als ein biochemisch reagierender Zellhaufen. Dass er nicht wie alle Materie dazu verdammt ist, auf dem kosmischen Abfallhaufen des Nichts zu verrotten. Wenn es wahr *wäre*, dass diese Seele den Tod übersteigt. Was für eine großartige, befreiende, überfließende Glückseligkeit mit dieser Vorstellung einhergeht! Wir, die geliebt haben, die geliebt wurden, mit allen Unzulänglichkeiten, aber doch mit ganzem Herzen, mit Körper, Geist und Seele, sind in einer größeren Liebe gerettet. Keine Liebe war vergebens oder nur zum Scheitern verurteilt. Im Gegenteil: Eines Tages dürfen wir die geliebten Menschen wiedersehen. Uns in der Liebe geheilt neu begegnen. Die Liebe hört niemals auf, sagt der Apostel Paulus. Die Liebe ist das größte aller Geheimnisse – und trotzdem »kennt« jede und jeder dieses Geheimnis. Zur Liebe gehört, dass sie bleiben soll. Wer liebt, sagt: Du sollst nicht sterben. Gott ist diese Liebe. Er sagt: Ihr sollt nicht sterben.

Jedenfalls ist die Sehnsucht nach dieser die Liebe bewahrenden Ewigkeit eine Realität. Den Durst gibt es. Das »lebendige Wasser« also auch? Der Durst nach Liebe und Glück ohne Ende, wenn das Scheitern und der Verlust im Tod erkannt sind, ist nach Ernesto Cardenal, dem nicaraguanischen Priester und Dichter, nichts anderes als der Durst nach Gott.

Nun sind wir in dieser Erzählung auch einen längeren Weg gegangen vom Gründonnerstag über Leiden und Tod am Karfreitag und, noch tiefer hinunter, durch die trostlose und sinnlose Hölle des Karsamstags – ja, und was jetzt?

Die Osternacht.

Als wäre es ein heimlicher Akt, haben fleißige Hände die Kirche geputzt und geschmückt, eine Decke auf den leeren Altar gelegt, Kerzen aufgestellt, Blumen bereitet. Neben dem Altar steht – oft ein sehr alter und kostbarer – Kerzenleuchter, mit Blumen und Ranken geschmückt. Aber noch liegt alles in Dunkelheit. Menschen kommen und suchen sich in der dunklen Kirche einen Platz oder sie versammeln sich in der Dunkelheit vor der Kirche. Es ist still. Aber alle spüren schon ein Kribbeln. Gleich, gleich geht es los. Das Osterfeuer wird entzündet, es prasselt, Flammen schlagen hoch, Funken sprühen in die schwarze Nacht. Priester, Diakone, Lektoren,

Kommunionhelfer und Messdiener stehen um das Feuer. Noch ohne Feierlichkeit oder Gesang spricht der Priester Gebete über einer großen Kerze, die der Diakon oder ein anderer Helfer trägt. Die Kerze wird als Symbol des Auferstandenen geschmückt mit fünf Nägeln für die Wundmale Jesu, sie werden in das Wachs gedrückt und ergeben ein Kreuz, in seinen vier Feldern steht die Jahreszahl, darüber und darunter ein Alpha und ein Omega, der erste und der letzte Buchstabe des griechischen Alphabets, das A und O, Anfang und Ende, Ein und Alles. Dann wird die Kerze am Osterfeuer entzündet. Der Diakon hält sie hoch. Mit der Kerze voran zieht die Prozession in die dunkle Kirche. »*Lumen Christi*«, »Christus, das Licht«, singt der Diakon drei Mal, und die Gemeinde antwortet jedes Mal: »*Deo Gratias*«, »Dank sei Gott«.

An der flackernden Flamme der Osterkerze entzünden nach und nach alle in der Kirche ihre kleinen Kerzen. Das Licht verbannt die Dunkelheit. Es beginnt ein Licht- und Schattentanz, in einer magischen Choreografie steigt die große Kerze in der Prozession die Altarstufen hinauf und bringt das Licht an den Altar. Der geschmückte Osterleuchter empfängt die symbolische Kerze, die Kirche empfängt den auferstandenen Christus. Mit Weihrauch wird die Kerze verehrt wie früher nur Könige und Kaiser.

Dann hebt der Diakon jenen 1500 Jahre alten Gesang des Osterlobs an:

Frohlocket, ihr Chöre der Engel!
Frohlocket, ihr himmlischen Scharen!
Verschwunden ist alles Dunkel der Erde!

Als würde diese Botschaft in die noch vom Karsamstag verschatteten Seelen hineinflüstern: Du brauchst keine Angst zu haben. Karfreitag und Karsamstag haben nicht das letzte Wort. Das Licht kommt.

Die alten Kirchen waren alle nach Osten ausgerichtet, sodass im Fenster hinter dem Altar die Sonne aufging. Und die Osternacht wurde zeitlich so ausgiebig gefeiert, dass die aufgehende Sonne das Licht der Osterkerze übernehmen, über die Gemeinde verbreiten und bis zum Horizont alles in Licht tauchen konnte. Die Ostergemeinde sah in das aufgehende Licht. »*Ex oriente lux*«, aus dem Osten kommt das Licht. Jedes Kind versteht nun: Wenn die Finsternis am größten ist, ist die Morgensonne nicht mehr fern. Viele antike Völker haben in der Sonne den obersten Gott verehrt, die Römer nannten sie »*sol invictus*«, unbesiegte Sonne. Christen sagen: Der auferstandene Christus ist diese Sonne. Die Verehrung für einen Himmelskörper, seine Energie und Kraft haben sie als Metapher übernommen in die Verehrung für den Auferstandenen, dem Licht der Welt und unserer Seelen.

Warum kann ich daran glauben? Weil ich es gerne so hätte und mich deshalb selbst an der Nase herumführe? Nein. Weil es dem Menschen entspricht. Zutiefst menschlich verankert in unseren Sehnsüchten, die diese Osterliturgie beantwortet: dass die Liebe mehr ist als eine biochemische Reaktion im limbischen Gehirnlappen. Meine Sehnsucht führt mich nicht ins Absurde, sondern zur Quelle mit »lebendigem Wasser«, in den Morgen mit dem Licht des Auferstandenen. Im Christentum gibt es sehr viele verdeutlichende Metaphern dafür, die im Prinzip alle das Eine meinen: »Gott«. Es ist so menschlich. Deshalb singe ich Jahr für Jahr das Exsultet aus tiefstem Herzen. Es ist die schönste Nachricht, die mir jemals jemand gesagt hat: All deine Ängste, all deine Verwundungen, all deine Tränen werden nicht geleugnet, aber aufgefangen, geheilt, getrocknet. Diese Nachricht gebe ich sehr froh weiter; ihr Trost – ich sage es noch einmal – ist der tiefste Grund unserer Religion.

Wahrhaftig, umsonst wären wir geboren,
hätte uns nicht der Erlöser gerettet.

Die Bibel sagt:

Steh auf!
Werde Licht, denn dein Licht kommt,
und der Glanz Gottes erstrahlt über dir.
Schau hin! Finsternis bedeckt die Erde
und Dunkel die Völker,
doch über dir ist seine Helligkeit,
und sein Lichtglanz
breitet sich über dir aus.
Völker ziehen zu deinem hellen Tag
und Könige zu dem Schein,
der über dir aufstrahlt.
Hebe deine Augen auf:
Alle, die du siehst, sind unterwegs zu dir.
Deine Söhne kommen von fern,
deine Töchter wird man
auf dem Arm herbeitragen.
Du wirst fröhlich sein und strahlen
und in Jubel ausbrechen.
Dein Herz wird beben und weit werden,
wenn die Völker am Meer
mit ihren Schätzen zu dir strömen
und der Reichtum der Völker zu dir kommt.

Aus Saba werden sie kommen,
Gold und Weihrauch werden sie bringen
und von den Ruhmestaten des Herrn reden.
Der Friede selbst wird dein Land regieren,
und die Gerechtigkeit
wird über dich herrschen.
Man wird in deinem Lande
nicht mehr von Verbrechen hören,
nicht mehr von Umsturz und Gewalttat.
Die Sonne wirst du nicht mehr brauchen
als Licht für den Tag
und den Mond nicht mehr
zum Schein für die Nacht.
Gott selbst wird dein ewiges Licht,
Gott wird dein Glanz sein.
Deine Sonne wird nicht mehr untergehen
und dein Mond nicht mehr
den Schein verlieren.
Denn Gott wird dein ewiges Licht sein,
und die Tage deines Leidens sind zu Ende.
Alle, die zu dir gehören,
werden Gott gefallen.
Sie werden gerecht und wahr sein,
und Gott wird ihnen Leben,
sprossendes Leben schaffen.

Jesaja 60,1–21

Zwischenstück: Der Morgenstern über Ostbelgien

Im ersten Teil des Buches habe ich davon erzählt, dass mein Großvater aus der hohen Eifel kam, dem Teil, der heute und schon lange zu Ostbelgien gehört. Mindestens einmal im Jahr fahren meine drei Schwestern und ich unsere Onkel und Tanten, Vettern und Cousinen in der Gegend von Sankt Vith, Eupen und Malmedy besuchen. Und jedes Mal ist es eine Freude, denn in den lieben Menschen begegnen wir unseren Wurzeln. So war es auch bei unserem Besuch in der Karwoche 2019. Wir hatten uns angemeldet und bekamen die Antwort: »Ja, wir sind alle da, wir freuen uns auf euch, auch wenn – wie ihr wisst – ein Schatten über unserem Haus und unseren Herzen liegt.«

Was war geschehen? Unsere Cousine Maria, geborene Pauels, ist verheiratet, hat mehrere Kinder, eines ihrer Kinder war Antonia. Sie war bereits selbst Mutter von zwei kleinen Jungen. Ein paar Wochen vor unserem Besuch hatte sie einen tödlichen Motorradunfall. Und so sehr wir uns auf den Besuch freuten und auch erwartet wurden, diese Katastrophe warf einen gewaltigen Schatten auf unser Zusammenkommen. Und natürlich habe ich Maria gefragt, ob sie davon erzählen möchte, was geschehen war. Jetzt muss man wissen: Die deutschsprachigen Belgier haben einen herrlichen Singsang in ihrer Stimme, sie werden in Belgien »*Mottes*« genannt, denn sie sagen »Kommst du mottes« für »Kommst du mit uns«. Und in ihrer so menschlichen Sprache der Region erzählte Maria:

Es war schrecklich, das könnt ihr euch natürlich vorstellen. An dem Sonntag hatte ich die beiden Enkel, den Peter und den Leo, hier zu Besuch. Da klingelte es und die Polizei stand vor der Tür. Schon deshalb habe ich einen Riesenschreck bekommen. Und einer der Polizisten sagte: Ich muss Ihnen leider etwas Schlimmes mitteilen: Ihre Tochter ist tödlich verunglückt. Wir waren zuerst geschockt, und dann haben wir geweint, und als wir leergeweint waren, keine Tränen mehr da waren, brach bereits der Morgen an. Die kleinen Enkel waren zwischendurch immer wieder eingeschlafen, wollten aber nicht schlafen gehen, und ich wollte sie nun endlich ins Bett bringen. Aus ihrem Zimmerfenster sahen wir am Himmel einen Stern, der hell leuchtete. Da sagte der kleine Leo: »Oma, den Stern da, hat den die Mama schon dahin gehängt?« Ich musste schlucken und kämpfte wieder mit den Tränen, dann erst habe ich antworten können: »Ja, Leo, ja, Peter, der Stern da, der ist von eurer Mama.«

Jetzt frage ich Sie, liebe Leserin, lieber Leser: Hat meine Cousine die beiden Kinder belogen?

Aus der Perspektive der Wissenschaft: eindeutig ja. Denn, das braucht man gar nicht zu sagen, natürlich hat die tote Mama keinen Stern an den Himmel gehängt. Es ist auch kein Stern, sondern ein Planet, die Venus, seit Urzeiten Abendstern genannt, und morgens, weil sie am längsten und hellsten leuchtet, Morgenstern. Aber es ist ein Planet. Punkt.

Natürlich sind viele Geschichten, vor allem die alten Mythen, aus wissenschaftlicher Sicht Lügen, Märchen, Fantasie. Denn natürlich hat Noah nicht alle Tiere der Welt paarweise auf ein Schiff geladen. Natürlich hat nie ein Fisch den Jonas verschluckt und wieder ausgespuckt. Und kein langer Haarwuchs gab dem Samson übernatürliche Muskelkraft. Aus »wissenschaftlicher« Sicht ist festzustellen: Hirngespinste. Aber schon Novalis hat, wie wir wissen, erkannt: In Märchen und Gedichten stehen die wahren Weltgeschichten. Er wusste, dass gerade in den uralten tradierten Mythen und

Erzählungen eine Ebene der Wahrheit mitschwingt, die jenseits aller physikalischen und wissenschaftlichen Messbarkeit angesiedelt, aber dennoch zutiefst wahr ist. Wenn ich mich darauf einlasse, dass es eine Wahrheit gibt, die noch tiefer ist, als die wissenschaftliche Perspektive es zu erkennen erlaubt, dann kann ich sagen, dass meine Cousine Maria aus der Perspektive des Glaubens die tiefste Wahrheit gesagt hat. Der Stern *ist* von der Mama.

Das wurde mir ganz deutlich, als ich drei Tage nach unserem Besuch in der Kirche von Ründeroth, Engelskirchen, wieder meine liebste Aufgabe erfüllen durfte: das Singen des Exsultet. Wieder war, wie ich es schon oft erlebt hatte, die Kirche bis auf den letzten Platz gefüllt, dunkel, doch voller Anspannung und Erwartung: Bald kommt das Licht. »*Lumen Christi!*« Drei Mal. »*Deo Gratias*«, Dank sei Gott! Dann vertreibt das Licht die Dunkelheit. Ich trage die große Osterkerze bis zum Altar und stelle sie auf den Osterleuchter. Weihrauch umwölkt die Kerze. Dann, nach einem Moment der Stille und im Schein der Kerzen am Altar und in den Händen der Gläubigen, beginne ich mit dem Gesang: »Frohlocket, ihr Chöre der Engel, frohlocket, ihr himmlischen Scharen! Lasset die Posaunen erschallen! Siehe, verschwunden ist aller Orten das Dunkel.« Einige Zeilen später verschlägt es mir fast den Atem. Zum ersten Mal wurde mir wirklich bewusst, was da seit 1500 Jahren über die Osterkerze gesungen wird:

Sie leuchte, bis der Morgenstern erscheint,
jener wahre Morgenstern, der in Ewigkeit nicht untergeht:
dein Sohn, unser Herr Jesus Christus,
der von den Toten erstand,
der den Menschen erstrahlt im österlichen Licht;
der mit dir lebt und herrscht in Ewigkeit.

Ohne es zu wissen, hat der kleine Peter das Exsultet zitiert. Der Stern da, ist der von der Mama? Ja, denn das ist der wahre Morgenstern, der niemals untergeht. Ohne es zu wissen, hat meine Cousine Maria ihren Enkelkindern unseren ganzen Glauben zusammengefasst. Ja, Peter, ja, Leo, der Stern dort, der ist von der Mama. Und ich kann meiner Cousine sagen, Maria, du wirst dein Kind wiedersehen. Und Peter und Leo, ihr werdet eure Mama wiedersehen. Das ist unser Glaube, daran hängt alles, jenseits aller Wissenschaftlichkeit und Rationalität, jenseits des Universums unserer armseligen Welt. Diese Hoffnung der österlichen Perspektive ist der Punkt, mit dem ich die Welt aus den Angeln heben kann. Es ist der einzige archimedische Punkt, der fähig ist, alle Verzweiflung zu überwinden und die Tränen zu trocknen. Der wahre Morgenstern, der niemals untergeht.

Wie mir ein Schulmeister des 17. Jahrhunderts im Neandertal die Liebe Gottes erklärt

17. Jahrhundert, Freie Hansestadt Bremen. Familie Neumann. Der Vater Johann Joachim Neumann ist Pastor der reformierten Kirche, gebildet und angesehen, und wie es der damaligen Mode unter den Gebildeten entsprach, fand er »Neumann« zu deutsch, zu primitiv, zu uninteressant, also machte er daraus eine Gräzisierung, einen Namen wie aus dem antiken Griechenland, und nannte sich fortan Johann Joachim Neander. 1650 wird Joachim junior geboren, und was wird aus dem? Ein Pastor natürlich, dazu Schulmeister. Er hat die Theologie der Reformierten studiert in Bremen, ging als Erzieher nach Heidelberg und Frankfurt am Main, und 1674 finden wir ihn schließlich als Rektor einer Lateinschule und Hilfsprediger der reformierten Gemeinde in – *das Schicksal schlägt oft unerbittlich zu!* – Düsseldorf.

Die große Leidenschaft des Pastors Joachim Neander jun. in Düsseldorf war das Dichten. So ging er, wann immer er konnte, und das war hauptsächlich am Tag des Herrn, Sonntagnachmittags, wenn er von Unterricht und Predigtdienst befreit war, hinaus in die Natur, meistens in ein wildromantisches bergisches Tal unweit der alten Residenzstadt, und dichtete in Gottes freier Schöpfung spazierend vor sich hin. Dieses Tal gibt es natürlich heute noch: das Neandertal. Darin fand man vor Jahren ein Knochenskelett, das man nicht nur als uralten, längst verstorbenen Verwandten des Joachim Neander identifizierte, sondern des Homo sapiens überhaupt; der Homo neanderthalensis stammt gewissermaßen aus Afrika und Düsseldorf. Das Tal trug nämlich mittlerweile den Namen des Bremer Pastorensohns und Dichters.

Inspiriert von der Natur dichtete der Neantertalspaziergänger ein Lied, das wir alle heute noch kennen und viele von uns des Öfteren aus ganzem Herzen singen. Es steht im katholischen Gotteslob unter der Nummer 392 und im Evangelischen Gesangbuch unter der Nummer 316:

Lobe den Herren, den mächtigen König der Ehren;
lob ihn, o Seele, vereint mit den himmlischen Chören.
Kommet zuhauf,
Psalter und Harfe, wacht auf,
lasset den Lobgesang hören!

Lobe den Herren, der alles so herrlich regieret,
der dich auf Adelers Fittichen sicher geführet,
der dich erhält,
wie es dir selber gefällt.
Hast du nicht dieses verspüret?

Lobe den Herren, der künstlich und fein dich bereitet,
der dir Gesundheit verliehen, dich freundlich geleitet.
In wie viel Not
hat nicht der gnädige Gott
über dir Flügel gebreitet.

Lobe den Herren, der sichtbar dein Leben gesegnet,
der aus dem Himmel mit Strömen der Liebe geregnet.

Denke daran,
was der Allmächtige kann,
der dir mit Liebe begegnet.

Lobe den Herren, was in mir ist, lobe den Namen.
Lob ihn mit allen, die seine Verheißung bekamen.
Er ist dein Licht,
Seele, vergiss es ja nicht.
Lob ihn in Ewigkeit. Amen.

Alle, die dabei sind, sei es, weil sie regelmäßig an Gottesdiensten teilnehmen und im Glauben und ihrer Kirche fest
verwurzelt sind, sei es, weil sie bei einer Taufe oder Hochzeit
nach Jahren noch einmal da sind und sich an ihre Kindheit
erinnern, singen diesen christlichen Schlager aus vollem Herzen mit. Ich muss allerdings gestehen: Als ich meinem Kin-
derglauben entwachsen war, die wehrlose Unschuld eines
Kindes verlassen musste und die ersten notwendigen Zweifel
an der Richtigkeit meines Kinderglaubens meine Seele doch
ein wenig verstörten und verwirrten, in dieser Zeit also auch
der religiösen Pubertät konnte ich dieses Lied nicht mehr
leiden. Mich störte vor allem die Strophe, die ich als Gipfel
der Heuchelei und der Lüge verdächtigte: Gott, »der dich auf
Adelers Fittichen sicher geführet, der dich erhält, wie es dir
selber gefällt. Hast du nicht dieses verspüret?« Und mein re-
bellisches Herz schleuderte dem Dichter dieser naiven Worte
entgegen: nein! Das haben Unzählige eben nicht verspüret!
   Was ist mit den unschuldigen Opfern dieser Welt? Ist diese Welt nicht so, dass sich eine einzige Blutspur seit der ersten
Erinnerung der Menschen, seit Kain und Abel bis zum heutigen Tag durch diese ach so gute Schöpfung Gottes zieht?
Hallt nicht der Himmel wider von den entsetzten Schreien

der Gefolterten, der Verhungernden, der Geschlagenen, der Sterbenden? Welcher Gefolterte könnte Gott so loben? Ist diese Welt nicht angefüllt mit dem Gegenteil der Erfahrung eines Gottes, »der dich erhält«, »dich auf Adelers Fittichen« trägt? Deshalb: Nein, Herr Neander, so, wie du es sagst, ist es keineswegs. Wahrscheinlich bist du zu viel alleine durch das Neandertal gewandert und hast dabei das wirkliche Leben der Menschen aus dem Blick verloren!

Meine Aversion gegen diese Art von Beschreibung des innersten Wesens Gottes als der, der behütet und einen jeden in Liebe bewahrt, dauerte so lange, bis ich erfahren durfte, was hinter dem anstößigen Bild des Adlers, der dich auf seinen Fittichen trägt, steckt. Denn das Bild, zu dem Joachim Neander im 17. Jahrhundert griff, um seinem Gedicht die Worte und den so rührenden Ausdruck zu geben, dieses Bild ist sehr viel älter, auch noch viel älter als unsere Zeitrechnung »nach Christus«. Es steht bereits im Alten Testament. Das Bild vom Adler, der auf seinen Flügeln ein schutzbedürftiges Wesen trägt, finden wir im Buch Deuteronomium und beim Propheten Jeremia. Der Adler kommt in der jahrtausendealten hebräischen Bibel als Symbol für ein bestimmtes Verhalten häufiger vor, was die damalige Bekanntheit der Metapher voraussetzt: Sie wurde allgemein verstanden. Ich hatte sie lange nicht verstanden, sondern falsch ausgelegt.

Die Menschen der vorchristlichen und auch noch die der frühchristlichen Zeit wussten und beobachteten, wie der Wüstenadler seinen Kindern das Fliegen beibringt. Das war damals so, wie es noch heute ist: Hoch oben in der steilen Felswand bauen Adler und Adlerin ein Nest. Und wie alle jungen Eltern hoffen sie inständig, Papa und Mama zu werden. Und siehe, es gelingt. Aus den gelegten Eiern schlüpfen die Jungen. Stellen wir uns nun auch nur ein einziges dieser

Adlerjungen vor, gerade frisch aus dem Ei geschlüpft. Es empfindet das, was alle Kinder und jungen Menschen verspüren, die noch bei Mama wohnen und deren Heim und Haus einem Nest gleicht: Da ist man geborgen, geschützt, man bekommt Essen serviert, ist sorglos, glücklich. So lebt das kleine Adlerkind Tag für Tag sicher im Nest bei Adlermama und -papa. Bis eines Tages die Natur und der Instinkt, der das Leben von Tieren bestimmt, Änderungen verlangen. An diesem Tag, unverhofft und als Schock im behüteten Leben des Adlerkindes, wirft die Adlermutter oder der -vater das Junge aus dem Nest. Es schreit und kreischt, hat Angst und Panik, die Flügel schlagen wild und ohne jeden Nutzen in der Luft, dabei stürzt es an der steilen Felswand hinab in die Tiefe wie ein Stein. Unten wird sein noch zarter Körper am Boden zerschmettert werden.

Wenn es dazu fähig wäre, würde das stürzende Adlerkind in diesem Moment denken: Rabeneltern! All das, was ich geglaubt und empfunden habe, dass ich eine liebende Mutter und einen sorgenden Vater habe, ist gelogen und Unsinn, eine schlimme, furchtbare Täuschung. Sie können mich nicht lieben, denn sie lassen meinen Sturz nicht nur zu, sie haben ihn sogar selbst verursacht!

Währenddessen zieht der Adler oder die Adlerin, ohne dass das Junge es wahrnimmt, scharf beobachtend einen Kreis über diesem Sturz. Sobald der große Vogel instinktiv spürt, dass das Junge noch nicht bereit und fähig ist, seine Flügel so auszubreiten, dass sie tragen, jagt er schneller als ein Pfeil nach unten, an dem stürzenden und flatternden Kind vorbei, breitet unter dem Jungen seine großen Fittiche aus und trägt es behutsam zurück ins Nest.

Ein großes Aufatmen der Erleichterung durchzieht die kleine zitternde Brust des Adlerkindes – um am nächsten

Tag dasselbe wieder zu erleben. Wieder Absturz, verursacht durch den eigenen Vater oder die eigene Mutter, wieder ein Rasen auf den Abgrund zu und das drohende Zerschmettern im Tod, wieder Schreie und Kreischen vor Angst, und wieder das Erleben, dass der Adlervater oder die Mutter das Kind auffängt und auf Fittichen sicher heimträgt. So geht es unerbittlich von Absturz zu Absturz, bis eines Tages, bald, das Erhoffte geschieht. Das Kind begreift: Ich stürze zwar immer wieder ab und habe panische Angst, auf hartem Stein zerschmettert zu werden, aber ich gehe ja gar nicht zugrunde. Ich werde nicht vernichtet! In dem Augenblick, in dem das Adlerkind das erkennt und damit seine Angst verliert, breitet es seine Flügel aus und – fliegt.

Zum ersten Mal in seinem Leben erfährt der junge Vogel die unbeschreibliche Freude eines autonomen Lebens. Er ist, im Rahmen der Natur, zum ersten Mal wirklich frei. Er kann seine Freiheit und seine Möglichkeiten spüren, er weiß nun instinktiv, dass die Luft ihn trägt, dass er seine eigenen Wege fliegen darf, soll und kann. Jetzt schreit er wieder, aber diesmal vor Glück!

Das erklärt das Bild im Alten Testament und die Zeile bei Joachim Neander: »der dich auf Adelers Fittichen sicher geführt«. Sie bedeuten eben nicht das, was wir immer wieder in etwas naiven und noch kindlichen Gottesbildern ausdrücken und von der Religion und Gott erwarten: ein Behütet-Sein im Sinne von Betüttelt-Werden wie Babys, obwohl wir längst erwachsen sind. Es bedeutet vielmehr das, was gelungene Pädagogik und gelungene Religiosität als Ziel haben: den Menschen in seine Freiheit zu führen.

Freiheit lernen wir nur, indem wir das Nest verlassen und uns von der über die Zeit des Kleinseins andauernden Bevormundung durch Eltern und Pädagogen, auch durch ein

Gottesbild und eine Religion, befreien lassen und ein erwachsenes Verhältnis zu ihnen finden. Gott könnte uns für immer behüten, dass uns kein Leid geschieht. Aber dann wären wir nicht frei.

Wenn das Adlerkind niemals das Nest verlassen hätte, wäre es eigentlich kein Adler mehr, sondern eher ein watschelndes Entchen. Es muss aber frei werden, um den Himmel als seinen Raum zu erobern, um seine Kreise zu ziehen, neugierig sein, um seine Welt zu entdecken und eines Tages einen Adlerpartner kennenzulernen, sich zu lieben und Adlerjungen auf Fittichen zu tragen, bevor sie in die Freiheit fliegen.

Ich habe durch diese jahrtausendealte Geschichte, durch dieses Bild gelernt, dass das innerste Feuer der Liebe die Freiheit ist. Das Böse in der Welt und das Leid erklärt mir diese Geschichte natürlich nicht. Aber das Bild vom Adler und seinen Fittichen erklärt mir, warum die Erfahrungen der Verlorenheit, der Angst und des Absturzes auch sinnvoll sein können. Es erzählt mir eindrucksvoll, dass Abstürze und negative Erfahrungen, Ängste und Verwundungen, das Gefühl der Verlassenheit und Verlorenheit nicht unbedingt ein Scheitern und Untergehen bedeuten müssen, sondern die Anstrengung sein können, die jeder Freiheit vorausgehen. Ohne die Erfahrung der Nacht kann ich die beglückende Befreiung des Sonnenaufgangs nicht schätzen. Ohne Absturzgefahr kann ich die Freiheit des Fliegen-Könnens nicht erfahren.

Beim Adler ist alles durch den Instinkt in eine Ordnung eingewoben. Für den Menschen ist es viel schwieriger, in die Freiheit zu »entfliegen«. Für Eltern ist es schwierig, ihre Kinder frei gehen zu lassen, und die Religion ist darin nicht besser als gute Eltern, die ihre Kinder am liebsten für immer behüten würden, sich aber beschränken müssen. Denn: Das innerste

Wesen der Liebe ist die Freiheit, und das innerste Wesen der Religion ist die Liebe. Deshalb gehört die Freiheit unbedingt zu einer gesunden Religiosität. Was man festhalten will, verliert man, was man loslassen kann, das gewinnt man.

Die Bibel sagt:

Ich will dich rühmen, Gott!
Wie bist du so groß!
Pracht und Glanz sind dein Kleid,
Licht hüllt dich ein wie ein Mantel.
Du spannst den Himmel aus wie ein Zelt
und thronst hoch über allen Himmeln.
Wolken sind deine Wagen,
auf den Flügeln des Windes fährst du dahin.
Winde laufen vor dir her wie Herolde,
Blitz und Feuer umgeben dich
und dienen dir.

Zuverlässig ist die Erde, auf der wir stehen.
Du hast sie fest gemacht.
Das Urmeer deckte sie einst wie ein Kleid,
über den Bergen standen die Wasser.
Aber vor deinem Drohen flohen sie,
vor deinem Donner flossen sie davon.
Die Berge stiegen hoch empor,
und die Täler senkten sich hinab
an den Ort, den du ihnen bestimmt hast.
Eine Grenze hast du gesetzt,
die übersteigen sie nicht,
nie kehren sie wieder, die Erde zu decken.

Du lässt Bäche rinnen durch die Täler,

zwischen den Bergen laufen sie dahin.

Sie tränken die Tiere auf dem Feld

und die Wildesel löschen ihren Durst.

An ihren Ufern wohnen die Vögel,

die unter dem Himmel fliegen,

und singen unter den Zweigen.

Du tränkst die Berge mit Wassern,

deine Wolken sättigen die Erde.

Du lässt Gras sprießen für die Tiere

und Saatgrün unter der Arbeit des Menschen

und gibst ihm Brot aus der Erde

und Wein, der sein Herz erfreut,

dass sein Gesicht fröhlich sei von dem Öl,

das er erntet,

und das Brot sein Herz stärke.

Satt trinken sich die Bäume Gottes,

die Zedern des Libanon,

die du gepflanzt hast,

wo die Vögel nisten und der Storch,

dessen Haus die Zypressen sind.

Die hohen Berge gehören dem Steinbock,

Felsen geben dem Klippdachs Wohnung.

Du hast den Mond gemacht,

die Zeit zu bestimmen,

und die Sonne, die ihren Lauf kennt

bis zum Niedergang.

Du schaffst Finsternis. Es wird Nacht

und das Getier des Waldes

beginnt sich zu regen.

Die Löwen brüllen nach Raub
und fordern ihre Speise von dir.
Wenn die Sonne aufstrahlt,
ziehen sie heim
und legen sich in ihre Höhlen.

Da tritt dann der Mensch heraus
und geht an sein Werk
und tut seine Arbeit bis zum Abend.

Wie unendlich reich sind deine Werke!
In deiner Weisheit hast du sie alle erschaffen,
und die Erde ist deiner Schöpfungen voll.

Da ist das Meer, so groß, weit und breit!
Ein Gewimmel, Tiere, groß und klein,
es ist nicht zu zählen.
Dort kriechen Ungeheuer in der Tiefe,
und Schreckensgestalten leben in der Tiefe.
Du hast sie gemacht, damit zu spielen.

Sie alle warten auf dich,
dass du ihnen Nahrung gibst
zur rechten Zeit.
Wenn du ihnen gibst, dann essen sie.
Wenn du deine Hand öffnest,
werden sie satt an guter Speise.
Wendest du dich ab, so erschrecken sie.
Nimmst du weg ihren Atem,
so sterben sie und werden wieder zu Staub.
Gibst du ihnen deinen Atem,

so entstehen sie
und neu wird das Leben auf der Erde.

Für immer bleibe die Herrlichkeit Gottes,
er freue sich seiner Werke.
Ich will ihm singen mein Leben lang.
Ich will meinem Gott spielen, solange ich bin,
und wünschte,
er hätte Freude an meinem Singen.
Meine Freude ist Gott.

Psalm 104

Zwischenstück: Die erregte Tafelrunde

»Fatalismus!«, donnerte es über die Tischrunde. Martin Stankowski, der vielleicht letzte aufrechte Sozialist, der niemals resignieren wird, aber im rheinisch-undogmatischen Köln lebt, der auch mal, vielleicht der italienischen Mama zuliebe, katholische Theologie studierte, der über ein enormes geschichtliches Wissen verfügt und eigentlich ein friedlicher Mensch ist, war es, der donnerte. Gegen mich. Ich hatte was ganz Frommes gesagt, was Gottergebenes. »Fatalismus!« Dermaßen gerügt, sackte mein Kopf zwei Zentimeter nach unten.

Die anderen Köpfe wurden vielleicht auch ein wenig eingezogen. Oder gerade nicht. Denn der klare und offene Gedankenaustausch, ohne jedes Rumdrucksen, gehört zu dieser Tischrunde. Da saßen die Gastgeber, Isabelle und Manfred Lütz. Sie, die liebenswürdige Gastgeberin, ist eine geborene Prinzessin zu Löwenstein-Wertheim-Rosenberg und im Raum Bornheim südlich von Köln vielfältig sozial engagiert. Er, der großzügige Gastgeber, ist der bekannte Psychiater, Theologe und Buchautor. Die beiden führen in ihrem Haus das, was man früher einen »Salon« nannte; sie laden Gäste aus unterschiedlichen Bereichen zu zwanglosen, zugleich in einem angenehmen Rahmen stattfindenden Gesprächen ein. Sie schaffen also Begegnung und Austausch, selbstverständlich bei gutem Essen und Trinken, und das mehrmals im Jahr, mal mit diesen, mal mit jenen Gästen.

Weitere Köpfe am Tisch gehörten zu Anka Zink, der Soziologin, Kabarettistin, Komikerin, zu Ulla und Eckart von Hirschhausen, dem Arzt und Fernsehmoderator, zu Jürgen Becker, dem Kölner Filou, zu Konrad Beikircher, dem aus Südtirol stammenden Kabarettisten, Musiker und Spezialisten fürs Rheinische, zu Pfarrer Franz Meurer aus Höhenberg/Vingst in Köln, dem Original und Menschenfreund, und ein Kopf gehörte eben zu Martin Stankowski, Publizist, Geschichtenerzähler und Welterklärer, und einer zu meiner Wenigkeit.

Wenn dieser Kreis zusammenkommt, dann, sagt der Gastgeber Manfred Lütz, »dauert es keine fünf Minuten und wir sind im tiefsten Gespräch über Religion«. Tatsächlich, so ist es, und tatsächlich, obwohl dieser Kreis aus so verschieden positionierten Menschen besteht – vom aufrechten Sozialisten bis zum überzeugten Priester –, verbindet uns alle eine religiöse Sozialisation in der Kindheit, eine wie auch immer gestellte Frage nach Gott und, vor allem, die nach dem möglichst guten Zusammenleben der Menschen. Nichts davon lässt uns in irgendeiner Frage zu einer einzigen, gemeinsamen Meinung kommen, im Gegenteil. Aber uns kann auch kein Gegensatz zwischen engagiertem Agnostizismus und tiefstem Katholizismus spalten. Säße da jedoch eine oder einer am Tisch mit dem Beitrag: »Ist mir doch alles egal« – ob es Gerechtigkeit geben kann oder nicht, ob Religionen und ihre Institutionen den Frieden fördern oder Menschen gegeneinander aufbringen, ob die Marktwirtschaft »Wohlstand für alle« schafft oder »tötet« –, dann wäre dieser Kreis aus konträren Freunden und befreundeten Kontrahenten zerschlagen.

Das möchte ich Ihnen noch ein wenig näherbringen. Denn in unserer Gesellschaft insgesamt haben sich ja früher eindeutige und geografisch eingegrenzte Milieus längst aufgelöst. Das katholische und das protestantische waren früher wohl am markantesten und nach den ehemaligen deutschen Ländern ziemlich klar getrennt. Dann kamen das Arbeiter- und das bürgerliche Milieu zum bäuerlichen hinzu, das adlige verschwand langsam. Stadt und Land bildeten je eigene Kulturräume. Durch Vertreibungen und Flüchtlingsbewegungen, Zuwanderung in Industrieregionen, Kriege sowie allgemeine wirtschaftliche und gesellschaftliche Entwicklungen ergaben sich neue Milieus, Mischungen und die Auflösung klarer, identifizierbarer Zugehörigkeiten. Heute leben in unserem Land Menschen mit vielen verschiedenen nationalen, kulturellen und religiösen Herkünften sowie noch einmal sehr verschiedenen individuellen Einstellungen zur eigenen Herkunft und Prägung und der anderer Menschen in derselben Gesellschaft und in derselben Nachbarschaft. Also ist es unerlässlich in einer demokratischen Ordnung, dass diese diversen Menschen mit unterschiedlichen Überzeugungen miteinander reden können, auch streiten, sich dabei gegenseitig gelten lassen, achten und auch mögen.

Dazu eine kleine Geschichte: Jürgen Becker ist als Kabarettist auch für seine scharfzüngigen Sottisen über die Kirche bekannt, sein Spott macht selbst vor der Jungfrau Maria nicht halt. Aber ich kenne Jürgen. Und ich weiß um seine Menschenliebe, weswegen es ihm bei seinem Spott fast immer darum geht, all das und die bloßzustellen, die Menschen ein X für ein U vormachen, sie kleinhalten, entmündigen und unterdrücken. Denn auch die Marienverehrung machen manche zum Instrument, Menschen, vor allem Frauen, unmündig und fremdbestimmt zu halten. Die Sängerin des Magnifikats hat sich zu den Mächtigen und Hochmütigen allerdings klar geäußert.

Nun, dieser Jürgen Becker und ich waren vom WDR-Hörfunk zu einer gemeinsamen Aufnahme gebeten worden. Kleine Sache. Fünf Minuten. Es ging um Religion. Wir kamen an und der Regisseur sagte: »Wir machen einen Probelauf.« Jürgen und ich hatten nichts vorbereitet, nichts abgesprochen. Wir setzten uns hin, die Mikrofone vor unseren Mündern, legten los, frei, improvisiert, hin und her, ich war der Fromme, Jürgen der andere, es lief wie am Schnürchen. Nach fünf

Minuten rief der Regisseur: »Perfekt! Besser geht es nicht. Habt ihr das eingeübt?« – »Nä«, sagte Jürgen auf gut Kölsch, »aber wir kennen uns jut.« Dann kam jener berühmte Satz vieler Medienleute vom Regisseur: »Wir müssen unbedingt mal was zusammen machen.« Und: »Ich schlage den Arbeitstitel vor: Der Gläubige und der Atheist.« Darauf Jürgen, empört: »Ich bin doch jar kein Atheist!«

Nein? Ich weiß es nicht, nur Jürgen und der liebe Gott wissen das genau. Oft hört er sich so an, als wäre er einer. Seine Abneigung gegen klerikales Gehabe und überhebliche Hierarchie steht fest. Jürgen ist auch kein schwurbelnder Mystiker, sondern immer klar raus. »So isset.« Aber Jürgen Becker ist auch Kölner und wurde von daher katholisch sozialisiert: Dat kann mer nit avwäsche.

Der Punkt ist also nicht, was wir glauben und was wir nicht glauben. Der Punkt ist vielmehr: Wie sieht ein/e jede/r von uns den Menschen und wie begegnet er/sie ihm?

Wegen der gemeinsamen Schnittmenge in unserem Blick auf den Menschen können wir bei Isabelle und Manfred Lütz bestens miteinander reden und uns wunderbar streiten. Aber jetzt muss ich endlich erzählen, wie es zum Donnerwetter des strengen Martin Stankowski gegen den Diakon kam. Nämlich so:

Eckart und Ulla von Hirschhausen kamen etwas später als alle anderen, und gleich war zu sehen, dass Eckart aufgeregt war, bis zum Äußersten angespannt. Kaum war das bei Lützens übliche Tischgebet gesprochen, zu dem Martin Stankowski und Jürgen Becker ebenso üblich und wie trotzige Kinder ihre Arme verschränkten, und das Mittagessen begann, da platzte es förmlich aus Eckart von Hirschhausen heraus:

»Ich muss euch mal um Rat fragen. Ich verliere fast meinen Humor, etwas Schlimmeres kann ich mir nicht vorstellen, so regt es mich auf. Die Öffentlichkeit reagiert unvorstellbar träge auf den Klimawandel. Wie kann es sein, dass fast alle Wissenschaftler sich einig sind, dass eine Katastrophe droht, und das auch schon seit Jahrzehnten kundtun, und die Zeit läuft ab, und obwohl selbst Kinder zu Hunderttausenden weltweit auf die Straße gehen und rufen: ›Tut endlich was!‹, wie kann es trotzdem sein, dass die Masse der Menschen sich nicht bewegt, träge so weitermacht wie bisher, und dem Untergang ins Auge sieht?! Müssten nicht die Christen vorangehen, selbst handeln und die anderen aufrütteln? Noch haben die Kirchen nominell mehr als die Hälfte der Menschen in Deutschland als Mitglieder, und müssten nicht alle, vom Präses der Evangelischen Kirche und vom Vorsitzenden der Bischofskonferenz bis zu jedem Pfarrer, Pastor und jeder Gemeindeschwester, unermüdlich den Mund aufmachen, damit die Menschen endlich wach werden und etwas gegen die Katastrophe tun?! Christen reden von der Bewahrung der Schöpfung, von Frieden und Gerechtigkeit. Wir zerstören gerade die Schöpfung unumkehrbar, was zu großer Ungerechtigkeit und Kriegen führt. Christen haben eine Vision einer Welt, die nicht auf Wirtschaftswachstum beruht, haben ein Denken über Generationen und über Grenzen hinweg. Und gerade wir in Deutschland sind in einem der reichsten, freisten und innovativsten Ländern der Welt – wer, wenn nicht wir, soll denn anfangen!?«

Eckart war es mehr als ernst. Er war rot angelaufen beim Reden. Ich hatte ihn so noch nicht erlebt. Das Thema trieb ihn regelrecht um, und da er selbst sagte, er stehe in Gefahr, darüber seinen Humor zu verlieren, fürchtete ich um ihn. Eckart von Hirschhausen ohne Humor, untergegangen in Verzweiflung: Das wäre nicht nur das Ende eines guten Fernsehunterhalters, da würde ein lieber Mensch regelrecht verloren gehen.

Natürlich griff unsere Runde sein Thema sofort auf. Sieben Jahre, meinte Jürgen Becker, blieben uns noch, um die Katastrophe abzuwenden. Wenn innerhalb von sieben Jahren nicht wirklich weltweit umgeschwenkt werde, damit sich der CO_2-Verbrauch in der Produktion und in den Lebensweisen drastisch reduziert, werde die Menschheit die vielen üblen Folgen des Klimadesasters unabwendbar zu spüren bekommen. Alle am Tisch gaben Eckart in seiner Sorge im Grunde recht. Der Kommunist und der Pfarrer, die Kabarettistin und der Psychiater, der Südtiroler und die Prinzessin: Alle sahen die Katastrophe kommen und überboten sich in Vorschlägen, was jetzt schnellstens getan werden müsse, um sie noch abzuwenden. Eifrig rettete die Runde die Welt.

Ich hatte allerdings keinen eigenen Vorschlag zur Weltenrettung beizutragen. Schlussendlich, als sich die Debatte etwas beruhigt hatte, sagte ich: »Lieber Eckart, jetzt erschrick nicht. Aber mein Rat – darum hast du uns ja gebeten – ist folgender: Es ist der berühmte Satz, der Martin Luther zugeschrieben wird: Wenn ich wüsste, dass morgen die Welt unterginge, würde ich heute noch ein Apfelbäumchen pflanzen.«

»Dann jitt et aber bald kein Apfelbäumchen mehr«, rief der Südtiroler Konrad Beikircher rheinisch dazwischen, »weil die dann all vertrocknet sin.«

Ich redete einfach weiter: »Jürgen hat gesagt, es bleiben uns sieben Jahre, bis die Welt untergeht.«

»Nä«, rief Jürgen, »dann jeht net die Welt unter, dann isset nur zu spät. Und Millionen und Abermillionen müssen umziehen, weg von den Küsten ins Inland. Wat en Huddel all.«

Und ich wieder weiter: »Was ich damit sagen will, lieber Eckart, ist Folgendes: Du kommst mir vor wie ein Gejagter. Was Luther und meine Wenigkeit einfach sagen möchten, ist:

Natürlich ist es auch und gerade eine Christenpflicht, sich zu engagieren und das zu tun, was man als richtig erkannt hat, und das Falsche zu lassen. Unbedingt! Aber die Kernbotschaft des Christentums ist es nicht. Was der Satz sagen will, was Luther meinte und woraus Christen leben können: Bis zum direkten Anblick der hereingebrochenen Katastrophe sind wir erfüllt von der Zusage, die den Untergang von allem übersteigt: Der Tod hat nicht das letzte Wort. Das macht die Freiheit eines Christenmenschen aus, die ihn über irdische Mächte und Herrschaften erhebt und über Katastrophen jeder Art. Das gibt dem Christenmenschen die Kraft, bis zuletzt mit Zuversicht zu leben und zu handeln, auch wenn es vergebens sein sollte. Deshalb braucht er niemals zu verzweifeln. Denn aus dieser Perspektive ist nichts sinnlos, kein Leben verloren. Das Paradoxe ist: Je gelassener und scheinbar gleichgültiger gegenüber drohendem Unheil du bist, desto größeren Erfolg wirst du in deinem Engagement haben. Denn was kann dem gläubigen Menschen passieren? Letztlich – nix.«

Jetzt donnerte es: »Fatalismus!« Martin Stankowski war in seinem Element: »Ich kann das nicht mehr hören, diese elende Vertröstungstheologie!«

Darauf ich, nachdem mein Kopf sich wieder gehoben hatte: »Gegenrede, Herr Stankowski! Mein Einwand gegen die Verzweiflung von Eckart ist nicht als Vertröstung gemeint und nicht als Fatalismus, sondern als Stärkung, um gerade dem Fatalismus zu entgehen. Ich mache es deutlich an einem Beispiel aus dem Buddhismus, der ja Gelassenheit ins Zentrum seiner Philosophie stellt, ohne fatalistisch zu sein: In den freien asiatischen Ländern gehört eine Unterrichtung über die buddhistische Tradition auch zum Ausbildungskanon, zum Beispiel von angehenden Ärztinnen und Ärzten. In der ersten Stunde stellt der buddhistische Lehrer den Studierenden immer folgende Frage: Meine Damen, meine Herren, Sie möchten Ärztin oder Arzt werden. Was ist, wenn Sie das schließlich sind, Ihr oberstes Ziel? Fast alle geben dieselbe Antwort: Unser oberstes Ziel wird sein, den Patienten zu heilen. Falsch, antwortet der Lehrer. Wenn die Heilung des Patienten Ihr oberstes Ziel ist, dem sich alle anderen Ziele unterordnen sollen, dann ist Ihre Enttäuschung schon vorprogrammiert. Denn Sie *können nicht* jeden heilen. Das ist unmöglich. Damit wäre aber Ihr oberstes Ziel von vorneherein nicht erfüllbar. Ja, aber, antworten dann überrascht und verunsichert die Studierenden, was soll denn dann oberstes Ziel sein? Der Lehrer antwortet: Es muss etwas sein, was man, zumindest theoretisch, *immer* erreichen kann. Deshalb lautet das oberste Ziel, das ich vorschlage: Sei gut und voller Liebe zu dem Patienten. Das kann man eigentlich immer. Das Paradoxe: Wenn das oberste Ziel lautet, sei gut und voller Liebe zu deinem Patienten, ist die Heilungsquote höher, als wenn Heilung als alleiniges Ziel angestrebt wird. Das von den Studierenden genannte Ziel wird also eher erreicht, wenn es gerade nicht das oberste Ziel ist.«

Mit diesem Beispiel als Hintergrund meinte ich sagen zu können: Was Menschen, auch angesichts der Katastrophe, am meisten brauchen, ist die Zusage, dass nichts vergebens und sinnlos ist. Weil wir – religiös gesprochen – in dem unendlichen Geheimnis, das die Welt umfängt, geborgen sind. Nur aus diesem Grund kann der paradoxe Luther-Satz sinnvoll sein. Nur aus diesem Grund konnte der Apostel Paulus im Gefängnis sitzend sagen: Ich sitze in Ketten und bin doch frei. Nur deshalb konnte Dietrich Bonhoeffer, der den Tod durch Erhängen erwartete, schreiben: »Von guten Mächten wunderbar geborgen, erwarten wir getrost, was kommen mag.« Nur deshalb konnte ein Maximilian Kolbe singend in den

Hungertod gehen. Meine Überzeugung und daher mein Rat an Eckart: Der Trost der Religion macht uns überhaupt erst handlungsfähig, wenn es wirklich drauf ankommt. Das ist die eigentliche Freiheit des Christenmenschen.

Achte Geschichte:
Wie Elke Heidenreich zu meiner Seelenschwester wurde

Elke Heidenreich mag ich sehr. Das vorab. Allerdings: Sie ist, wie nicht nur scharfzüngige Kritiker behaupten, von Zeit zu Zeit, sagen wir mal, etwas schwierig im Miteinander. Elke Heidenreich kann streiten. Mit Intelligenz, Argumenten, Schärfe, Vehemenz und Bissigkeit. Ich bin dem lieben Gott dankbar, dass sie mich noch nicht zu einem Gegner in einem ihrer Kämpfe auserkoren hat. Derer gibt es in ihrem bisherigen Leben viele.

Nehmen wir ihr Zerwürfnis mit dem berühmten Literaturkritiker Marcel Reich-Ranicki, in dessen Fußstapfen sie mit Kompetenz und Eifer in einer eigenen Literatursendung trat. Den Mann, der intellektuelle Bücher im populären Fernsehen zur intelligenten Unterhaltung von Millionen lobte oder – noch vergnüglicher – zerriss, hatte sie viele Jahre hoch verehrt. Dann kam, 2008, jene unvergessliche Bildschirmszene: Marcel Reich-Ranicki sollte aus der Hand von Thomas Gottschalk, der ihn gerade in einer formidablen Laudatio treffend gezeichnet hatte, den Deutschen Fernsehpreis erhalten. Dies im Rahmen einer Show im ZDF, deren Machart bestimmt nicht zu den Höhepunkten der deutschen Fernsehgeschichte gehört. Man kennt diese Aufführungen: Nach dem Lob, immer mit ein bisschen Witz und zugespitzt Einzigartigem über den Gelobten, ergreift der Preisträger die Trophäe und bedankt sich – wahlweise bei Frau, Kindern, Eltern, den Kollegen, dem Publikum, den Stiftern des Preises oder diesen allen. Nicht so Reich-Ranicki.

Mit seinem wunderbaren Deutsch und in der ihm eigentümlichen Sprechmelodie, mit Verve und Zorn, Liebenswürdigkeit und Unerbittlichkeit, Mut und Unverfrorenheit legte der damals schon 88-Jährige los. Sie haben das Bild bestimmt noch vor Augen und seine einzigartige Sprache und Sprechweise noch im Ohr, wenn Sie lesen:

> Ich möchte niemanden kränken, niemanden beleidigen oder verletzen. Aber ich möchte auch ganz offen sagen, ich nehme diesen Preis nicht an. Ich hätte das, werden Sie denken und sagen, früher erklären sollen – natürlich, aber ich habe nicht gewusst, was hier auf mich wartet, was ich hier erleben werde. Ich gehöre nicht in diese Reihe der heute – vielleicht sehr zu Recht – Preisgekrönten. Wäre der Preis mit Geld verbunden, hätte ich das Geld zurückgegeben. Aber er ist ja nicht mit Geld verbunden, ich kann nur diesen Gegenstand, der hier verschiedenen Leuten überreicht wurde, von mir werfen, oder jemandem vor die Füße werfen. Ich kann das nicht annehmen.

Großartig, sagte Elke Heidenreich. In mehreren Statements, darunter ein sehr viel beachtetes in der *Frankfurter Allgemeinen Zeitung*, zeigte sie sich begeistert von Reich-Ranickis öffentlicher Weigerung, sich durch das Geistlose vereinnahmen zu lassen, und schlug in dieselbe Kerbe: Endlich einmal wagt jemand, die Verlogenheit des Medienapparates und der Fernsehanstalten in diesen unwürdigen Preisshows, die letztlich mit allen versammelten Prominenten nur sich selber feiern in gegenseitigem falschen Lob, zu entlarven. Endlich steht einer auf, Marcel Reich-Ranicki, mein Freund und großes Vorbild, und kämpft gegen die Banalität des Fernsehens und die Verdummung der Zuschauer an.

Dann aber machte ihr Freund Marcel in der Sicht von Elke Heidenreich einen großen Fehler: Er ruderte, so urteilte sie, nicht nur halb zurück. Er erklärte sich noch in derselben »unerträglichen« Sendung einverstanden, ausgerechnet mit Thomas Gottschalk und ausgerechnet in dem Sender, der ihn in der Show zum Deutschen Fernsehpreis hat vorführen wollen, ein Gespräch über das Fernsehen zu führen. Und außerdem hat er die Preistrophäe – ein gläsernes Ding – nach der Show gerüchteweise doch mit nach Hause genommen.

Der Mann hat kein Rückgrat, meinte Elke Heidenreich. So kann man es sehen: Er hat sich zuerst sehr hochgeschwungen und vom Fernseh-Richterstuhl ein öffentliches Urteil gefällt, aber dann sehr tief nach unten begeben: um wieder im Fernsehen zu sein. Vielleicht war Elke Heidenreichs Enttäuschung deshalb so maßlos, weil ihre Verehrung für das Idol vorher so groß war. Und sie wäre nicht mehr sie selbst, wenn sie diese Verletzung – als solche empfand sie das Verhalten des Literaturkritikers – still in ihrem Herzen bewahrt hätte. Sie machte sie öffentlich. Und sie verfeindete sich öffentlich mit beiden: mit Thomas Gottschalk, der im Fernsehen die Leibhaftigkeit vergnüglicher Harmonie darstellt, und mit Marcel Reich-Ranicki.

Ich mag Elke Heidenreich sehr. Erlauben Sie mir, ein wenig zu spekulieren. Ich glaube, dass ihre Verfeindung mit nicht wenigen Menschen, die sie immer gradlinig und mit erkennbarer Haltung ausfocht, auch eine Auseinandersetzung, eine Art Feindschaft mit sich selbst war. Wenn ich die richtigen Schlüsse ziehe, hatte sie eine traumatische Kindheit. In ihrem Buch *Alles kein Zufall* (Carl Hanser Verlag 2016) erzählt sie von einer Frau, und ich deute diese Erzählung, auch wenn das nicht ausdrücklich gesagt ist, als autobiografisch. Es geht um ein Kind mit einer hartherzigen, verbitterten, aus welchen Gründen auch immer zutiefst kalten Mutter und einen Vater, der genau das Gegenteil, aber auch schwach ist und sich die bei seiner Ehefrau vermisste Wärme in zahllosen Affären sucht. Diesem Kind wurde untersagt, Weihnachten zu feiern, denn – so sagte die Mutter – »diesen religiösen Quatsch machen wir nicht mit«. Der weiche Vater, der zu wenig Rückgrat hat, um sich mit seiner Frau auseinanderzusetzen, steckte dem Kind heimlich ein Weihnachtsgeschenk zu mit der Auflage, es nur nicht der Mutter zu verraten. Dieses Kind, von dem Elke Heidenreich in ihrem lesenswerten und hinreißenden Buch *Alles kein Zufall* erzählt, war, das vermute ich, sie selber.

Der Vater hielt es nicht mehr aus und verließ die Mutter, was diese noch härter und kälter machte. Kein Wunder, dass die 15-Jährige dann auch ihre Mutter verließ – und Zuflucht fand bei einem evangelischen Pfarrersehepaar in Bonn. Seit ihrer Kindheit ist Elke Heidenreichs Leben angefüllt mit Kämpfen, und sie zeigt immer wieder Rückgrat, Haltung, Gradlinigkeit; sie hält nicht das Maul – das ist die eine Seite ihrer Persönlichkeit. Die andere: Ich kenne keinen Menschen der Öffentlichkeit, der so hinreißend, leidenschaftlich und regelrecht verliebt vom Zauberreich der Literatur, der Bücher, der Musik, der Oper erzählen kann wie Elke Heidenreich. Sie ist eine – im besten Sinne – Lehrerin, um literarisch Ungelenke und Ungeübte, so Menschen, wie ich auch einer bin, hineinzuführen in dieses Zauberreich. Zärtlich, werbend, einflüsternd, fast wie eine Fee öffnet sie vielen von uns die Wunderwelt der Bücher.

Es gibt eine Erfahrung im Leben von Elke Heidenreich, der ihr Buch den Titel verdankt. Diese Erfahrung bringt sie mir sehr nahe. Wir haben etwas gemeinsam, das sie zu meiner Seelenschwester macht. Nicht, was ihren Mut angeht. Im Vergleich mit ihr bin ich ein feiger Sack. Ich will Harmonie. Bevor ich in einen Konflikt gehe, suche ich schon fast krampfhaft nach Umwegen und Auswegen, um die drohende Konfrontation zu vermeiden. Also darin sind Elke Heidenreich und ich uns gar nicht ähnlich. Schon eher in der Bereitschaft, uns von guter Literatur verzaubern zu lassen, uns von Büchern in eine Welt holen zu lassen, die uns umfängt wie der wärmende Mantel des heiligen Martin den zitternden Bettler im Schnee. Worauf es hier aber ankommt: Wir sind Seelengeschwister in dem, was man den »schwarzen Hund« nennt.

Ich habe in einem anderen Buch davon berichtet: Seit meiner Kindheit kenne ich Schübe der Depression. Und von Elke Heidenreich weiß ich aus ihren autobiografischen Geschichten, dass sie ebenfalls mit dem schwarzen Hund leben muss. Es ist für mich nicht verwunderlich, dass in ihrem ganzen Leben, seit ihrer Kindheit, die so war wie in ihrem Buch beschrieben, immer wieder Kämpfe stattfinden. Und solche Kämpfe hinterlassen nicht nur Wunden im Miteinander mit anderen, sie schlagen immer auch – selbst wenn man sie noch so tapfer und mit ehrlichem Rückgrat ausficht – Wunden in der eigenen Seele. Ich bin mir sicher: Diese kämpferische Frau birgt ein zartes, verletzliches Kind.

Es ist noch gar nicht so lange her, erzählt sie in *Alles kein Zufall*, dass sich wieder einmal der Schatten der Depression auf sie gelegt hatte. Damit kannte sie sich leider schon aus. Und so ergriff sie eine bei ihr bewährte Gegenmaßnahme: allein verreisen. Das kenne ich auch von mir, am liebsten bin ich allein unterwegs, genieße regelrecht die Melancholie des einsamen Hotelgastes. Die Gemälde von Edward Hopper zeigen dieses Paradox, zum Beispiel in seinem berühmten Bild *The Nighthawks*: Vier Menschen hocken, von einer leeren, dunklen Straße aus durch die Scheibe gesehen, in einer neonerleuchteten, kalt wirkenden Bar. Die Bildatmosphäre ist kühl und wärmend zugleich. Verstörend, aber das geht. Man kann in der Verlorenheit, die die Menschen auf allen Bildern Hoppers herzeigen, eine seltsam tröstende Melancholie empfinden, wie die Nachtschwärmer in der Bar, die kein Gefühl von einem Zuhause, von einer Zugehörigkeit haben, sich aber an diesem Ort besser einfinden als irgendwo, und auch wie Hotelgäste allein an einem Tisch zwischen vielen Tischen, allein in einem Zimmer an einem langen Flur.

Diese seltsam tröstende Melancholie empfinde ich, wenn ich für meine Auftritte allein auf Reisen bin. Nach dem Kabarettprogramm vor vielen Menschen gehen meine Groupies nach Hause. Also genieße ich – Gott sein Dank – nicht das schale Glück von manchen anderen Bühnenmenschen, die von jungen Groupies zu wilden Nächten auf Hotelzimmern begleitet werden. Ich bin dankbar für das Alleinsein, das mir in kühler Fremde einen durchaus wärmenden Eindruck meiner selbst gibt. Das hilft mir, den zähnefletschenden schwarzen Hund zu beruhigen.

Allein zu reisen, das hat durchaus was. Erst recht, wenn man so drauf ist wie manchmal Elke Heidenreich und ich. Wenn der schwarze Hund von der Leine ist. Sie kannte also bereits diese Phasen, die Schübe der Depression, und sie sucht eine Flucht da heraus, diesmal ging es nach Paris. *Paris toujours*. Ausgerechnet in die Stadt der Liebe und der Liebenden, nicht der Singles. Der Single Elke Heidenreich aber fährt nach Paris, sie hat nämlich ein bestimmtes Ziel in der Stadt. Sie will ein Bild des Malers Eugène Delacroix sehen, der fest verankert ist in der französischen Seele. Er ist der Schöpfer des berühmten Revolutionsbildes *La Liberté guidant le peuple*, Die Freiheit führt das Volk, darauf der Kampf aus der Julirevolution 1830, in der Mitte die barbusige Freiheitsgöttin mit der Trikolore, zu ihren Füßen Gefallene des Freiheitskampfes und Kämpfende mit Waffen, auch – heute politisch unkorrekt – ein Kind mit Baskenmütze und einer Pistole in der Hand. Das Bild ist eine französische Ikone. Es hängt natürlich im Louvre.

Aber Delacroix hat neben diesem und vielen anderen Bildern auch ein Fresko gemalt in der Kirche Saint-Sulpice in der Rue Palatine 2 im 6. Arrondissement von Paris. Es ist nicht so berühmt wie das Revolutionsbild, aber äußerst sehenswert. Riesengroß ist gleich in der ersten südlichen Seitenkapelle der großen Kirche aus dem 17. Jahrhundert der Kampf des Jakob am Jabbok dargestellt. Die Geschichte steht im Alten Testament: Jakob, mit Abraham und Isaak einer der Stammväter Israels, ist ein Schlitzohr, ein Hochstapler, ein Gauner, denn er hat sich das Erstgeburtsrecht von seinem hungrigen Zwillingsbruder Esau »für ein Linsengericht« erkauft und den Segen für den Erstgeborenen von seinem erblindeten Vater Isaak erschlichen. Dieser Jakob ist nun auf der Flucht vor seinem betrogenen Bruder und kommt an die Flusssenke des Jabbok. Da trifft er auf ein unheimliches Wesen. Was ist das? Ist das ein Dämon? Ein Engel? Ist es Gott selbst? Und mit diesem Wesen – unbestimmt, magisch, fremd – kämpft Jakob die ganze Nacht hindurch. In diesem Kampf wird Jakob an seiner Hüfte verletzt, von da an wird er hinkend, humpelnd, verwundet durchs Leben gehen. Aber in der Nacht des Kampfes lässt er seinen Gegner nicht los, gibt er sich nicht geschlagen.

Der Morgen bricht schon an, da ruft er trotzig: »Ich lasse dich nicht, es sei denn, du segnest mich!« Und da gibt ihm das

Wesen, mit dem er kämpft, einen neuen Namen: »Dein Name soll nicht mehr ›Jakob‹ sein, sondern ›Israel‹, ›Gottesstreiter‹, denn du hast mit Gott und mit Menschen gekämpft.« Jeder, der Religion ernst nimmt, weiß, dass religiös sein nicht nur ein Wellness-Gefühl ist. Er weiß, dass Religion auch ein Ringen ist, ein Suchen, ein ewiges Fragen und sich Schlagen, aus dem man verwundet hervorgehen kann.

Wir ringen in den Nächten unserer Existenz, wie Jakob mit Gott ringt in diesem Mythos, der schon Tausende von Jahren in jeder Generation erzählt wird. Der dem kleinen Land, das seit 1948, nach unermesslichem Leid seines Volkes, endlich ein Existenzrecht hat, den Namen gegeben hat. Jeder einzelne Mensch, der sich und das Leben ernst nimmt, ringt in den Nächten des Lebens – ich möchte sagen: in den seligen Nächten des Lebens – mit Gott. Vielleicht nennt er ihn nicht so. Vielleicht ist es für ihn ein »Wesen«, gar ein »Dämon«. Aber er ringt mit der Frage aller Fragen, mit der Sehnsucht nach einer klaren Antwort, spürt dabei auch einen schlimmen Durst, die Verzweiflung, denn das bisschen Leben kann doch nicht alles gewesen sein, es muss doch irgendwo hingehen, es muss doch einen Sinn in allem geben, es kann doch nicht sein, dass wir nur ein zufälliges Produkt einer vollkommen gleichgültigen Evolution sind, dass wir nur ein Staubkorn sind, das ohne tieferen Grund in einem vollkommen gleichgültigen Universum in Millionen und Milliarden von Galaxien vor sich hin rollt, dass Liebe eine Selbsttäuschung ist, ausgelöst von einem Hormon, und sonst nichts. Das soll alles sein? Unser Durst widerspricht dem, sagt nein, damit kann ich mich nicht abfinden. Ich lass dich nicht los, ich lasse die Frage nicht sein. Gib mir eine Antwort! Gib mir deinen Segen!

Delacroix, wie so viele andere Maler, hat diesem Kampf eine Ansicht gegeben. Davor steht nun in Saint-Sulpice die

Elke Heidenreich mit all den nächtliche Schatten werfenden Kämpfen ihres Lebens. Da, so erzählt sie es selbst, geschieht etwas Eigenartiges. Als sei ein Schalter in ihr umgelegt worden. Ich würde sagen: Ein »Segen« durchfährt sie. Er ist ein überraschend sich einstellender, tröstender Gedanke. In dem Bild entdeckt sie plötzlich das Entscheidende: Da kämpfen zwei miteinander, darum geht es ja, und eindeutig ist das Wesen – Delacroix hat ihm Engelsflügel gegeben, aber auch ein fast kriegerisches Aussehen – dem kleineren Jakob, dem armseligen Menschlein überlegen. Aber da sieht Elke Heidenreich, dass Delacroix die beiden zwar so gemalt hat, dass sie als Kämpfende zu erkennen sind, gleichzeitig jedoch auch so, dass der eine, das Wesen, den anderen, Jakob, im Ringen hält. Jakob rennt gegen den Stärkeren an, wirft sich mit aller Kraft gegen ihn, der wehrt ihn ab, könnte ihn vermutlich leicht vernichten, endgültig zu Boden werfen, aber er hält diesen Menschen an der Hand und trägt seinen ganzen Körper. Die Abwehr des Engelwesens ist letztlich eine Stütze für diesen Menschen, eine Achtsamkeit, ohne die der Mensch in seinem eigenen Kampf unterginge. Das ist der tröstende Gedanke, der Segen, den Elke Heidenreich erfährt. Und sie sagt es in ihrem Buch selbst: Jetzt ist es gut, Elke. Nicht mehr kämpfen, sich nur noch tragen lassen. Mit diesem Gedanken geht sie, mit einer Stimmung wie ausgewechselt, aus der dunklen Kirche Saint-Sulpice in die sonnendurchflutete Rue Palatine und atmet auf. War das Zufall? Das Buch heißt: *Alles kein Zufall*.

Die Bibel sagt:

Lass der Traurigkeit
keine Macht über deine Seele
und quäle dich nicht
mit deinen eigenen Gedanken.
Die Fröhlichkeit des Herzens
ist das Leben des Menschen
und die Freude verlängert
dem Manne das Leben.
Mache deiner Seele Freude
und tröste dein Herz,
treibe die Schwermut von dir fort,
denn der dunkle Sinn
hat viele ums Leben gebracht
und die Trauer hilft nichts.
Neid und Zorn verkürzen das Leben
und die Sorge macht alt vor der Zeit.

Jesus Sirach 30,21–24

Zwischenstück: Vom heiligen Georg und der Frau Schmitz

Ein alter, leicht frauenfeindlicher und politisch völlig unkorrekter Witz geht so: Wie heißt der Schutzpatron der Schwiegermütter? Antwort: Georg, denn der heilige Georg wird stets mit einem Drachen dargestellt. *Ha ha.*

In der Tat erzählt die spannende und faszinierende Legende des heiligen Ritters Georgios, wie er einen Drachen besiegte. Nicht zufällig haben sich viele Länder, darunter Russland, des Heiligen bemächtigt. Schon im Zarenreich und erneuert in der republikanischen Russischen Föderation unter Putin war und ist der St.-Georgs-Orden eine hohe Auszeichnung, heute bezeichnenderweise für militärische Leistungen im Kriegsfall. In Deutschland trägt der momentane Vorsitzende der Bischofskonferenz den Namen Georg, völlig unmilitärisch, und sein schöner romanischer Dom hoch über der Lahn in Limburg ist auch dem Heiligen Georg geweiht. Papst Franziskus trägt bürgerlich den Namen des Ritters: das spanische Jorge. Allerdings wird dieser Name, Jorge, in der Literatur nicht nur strahlenden und mächtigen Männern vergeben, sondern auch denen, die für das Gegenteil stehen, das Dunkle, Abgründige. *Der Name der Rose*, Umberto Ecos hinreißender Roman, kongenial verfilmt, führt den Mönch Jorge als Mörder vor, im Film durch die Klugheit von Franziskanerpater Sean Connery entlarvt. Der blinde, alte, hässliche Mann rechtfertigt seine Untaten so: »Wir müssen das Lachen bekämpfen, weil das Lachen die Angst besiegt.«

Der blinde Mördermönch Jorge zeigt das fanatische Gesicht und die pervertierte Logik aller fundamentalistischen Religiosität. »Wir«, die Vertreter der wahren Religion (und so wie wir sie verstehen!), müssen die Menschen beherrschen, um das göttliche Heil aufzurichten, und dazu gibt es kein probateres Mittel als die Angst. Alle Diktaturen entdecken dieses Instrument als wichtigstes für ihre Machtausübung. Zur Schaffung tiefgreifender Angst haben sie ihre ergebenen Einheiten: Hitler hatte die SS und die Gestapo, gefürchtet wegen ihrer Gewalt und Grausamkeit. Das Pol-Pot-Regime hatte seine Schergen, die auf den Killing Fields Millionen Menschen getötet haben. Die DDR hatte, abgestuft zu den beiden anderen Beispielen, aber effektiv und flächendeckend Angst verbreitend, die Stasi. Immer wieder ist die durch Terror geschürte Angst der Dämon, der die Menschen gefügig oder gehorsam macht. Auch Religionen verfallen leider diesem gut funktionierenden Instrument der Macht. Deshalb wurden Scheiterhaufen geschichtet, im Namen der Wahrheit gefoltert, Menschen mit der verbrecherischen Angstmache vor der drohenden Hölle kleingehalten. Bis heute ist das Schüren von Angst in religiöser Verkündigung eines der teuflischsten und giftigsten Instrumente in dieser Welt.

Die eigentliche Aufgabe, der innere Kern, das Wesen der Religion muss aber das genaue Gegenteil von Einschüchterung und Angst sein: die Freiheit und die Liebe. Religion ist abzulehnen und abzuschaffen – jawohl, liebe atheistischen Freunde: Darin habt ihr recht! –, Religion ist dann abzuschaffen, wenn sie Menschenleben mit Angst vergiftet. Aber Religion kann den Menschen auch gesund machen, ihn entgiften, ihm die Furcht nehmen, befreien zum Leben – und dann ist sie zu fördern.

»Sprich nur ein Wort, dann wird meine Seele gesund«, so lautet ein Gebet, das die Gläubigen in jeder Messfeier sprechen. Sie möchten von Jesus in die Freiheit geführt werden. Die radikalste Perspektive, die den Menschen aus der Angst, selbst der vor dem Tod, in die Freiheit führt, ist die österliche Perspektive des Christentums. Auch andere Religionen, wenn sie nicht als Instrument der Macht und der Angst missbraucht werden, wenn sie also spirituell und nicht politisch sind, sagen im Kern sehr Ähnliches, wenn nicht dasselbe: »Du, Mensch, hast eine Seele. Mit ihr bist du einmalig und kostbar. Unendlich mehr als ein Zellhaufen, der biochemisch reagiert. Deine Seele ist stärker als der Tod. Du brauchst keine Angst zu haben. Das Wort, das die Seele gesund macht: ›Fürchte dich nicht!‹ Denn du bist geliebt und geborgen in der Wirklichkeit des größten Geheimnisses, das wir Gott nennen.«

Einer der wichtigen Transporteure dieser Perspektive ist der Humor. Der steht immer über den Dingen. Man erkennt Fanatiker, Ideologen, Diktatoren, religiös oder nicht, daran: Sie können nicht über sich selber lachen. Sie sind völlig humorfrei, weil sie nicht über die gesunde Selbstdistanz verfügen, um über sich selbst lachen zu können. Der Humor ist die unterhaltsamste Form der Religion, weil er wie gesunde Religiosität eine Perspektive über den Dingen vermittelt. Humor und Religion sind Bruder und Schwester. Eine spirituelle Gläubigkeit und das Lachen sind daher gemeinsam die Feinde der Diktatoren. Wer sich in der Angstherrschaft einer Diktatur spirituell Gott anvertraut, beschränkt die Macht irdischer Herrschaft, fasst vielleicht sogar den Mut, seinem Gewissen zu folgen und nicht dem herrschenden Gesetz des Unrechts. Und wer durch einen Witz über den Diktator lacht, entzieht sich, wenn auch nur kurz, dessen Macht und behauptet seine innere Freiheit. Deshalb bekämpfen Diktaturen die freie Religionsausübung und den Humor, sie fürchten und schaffen religiöse Märtyrer und sie stellen den politischen Witz unter schlimme Strafen.

Deshalb ist tragischerweise der beste Nährboden für gute Witze eine Diktatur. Nur ein Beispiel, ein Originalwitz aus der DDR: Willy Brandt trifft Erich Honecker und Brandt sagt zu Honecker: »Ich habe ein interessantes Hobby, ich sammle alle Witze, die die Menschen über mich machen.« Und Honecker antwortet: »Bei mir ist es umgekehrt, ich sammle alle Menschen, die Witze über mich machen.«

Das ist böse, trifft aber den wunden Punkt! Ein Diktator vermeidet unter allen Umständen ironische Selbstdistanz, die sich in einem Witz spiegelt und die befreit. Noch einmal sei es gesagt: Humor und Religion sind Bruder und Schwester.

Übrigens hat aus diesem Grund, vielen zur Verblüffung, der sehr konservative und theologisch knallharte Kardinal Meisner mir, seinem »Pappnasendiakon«, niemals Steine in den karnevalistischen Weg gelegt. Wie ich dankbar von seinem Hausarzt erfahren durfte, hat er von meinen Reden immer geschwärmt. Kardinal Meisner konnte Menschen hart abkanzeln. Scharfe Kritik äußern. Auch mal vor den Kopf stoßen. Aber er hat mich und meine Art, mit Humor und auf karnevalistischen Kanzeln zu verkündigen, nicht nur gönnerhaft geduldet, sondern fand das sogar gut. Ich glaube, Meisner war trotz seiner streng konservativen Linie kein Fanatiker. Er hat den Humor gemocht, er konnte sogar über die Religion und er konnte über sich selber lachen.

Die alte Frau Schmitz kommt in den Beichtstuhl, der Pastor erkennt sie.

– Frau Schmitz!

– Ja, ich wollte beichten!

– Ja sicher, bitte.

– Im letzten Kriegsjahr habe ich einen jungen französischen Soldaten im Keller versteckt.

– Frau Schmitz, das ist doch keine Sünde, da haben Sie ein gutes Werk getan.

– Ich muss das beichten, ich habe ihm nämlich eine Bedingung gestellt: Dafür, dass ich ihn nicht verrate, musste er mich zweimal in der Woche im Bett besuchen.

– Huch, Frau Schmitz! Haben Sie denn dem französischen Soldaten damit psychisch Gewalt angetan?

– *Kichern, dann:* Nee, das hat ihm sogar Spaß gemacht.

– Ja, gucken Sie, Frau Schmitz, dann müssen Sie das nicht beichten, es ist so lang her und hat dem Mann kein Leid angetan. Außerdem sagt unser Papst jetzt immer, erst kommt die Liebe, dann die Moral. Das müssen Sie nicht beichten.

– Doch!

– Ja, warum denn?

– Also, ich bin jetzt 91, er ist 86, und ich habe ihm noch nicht erzählt, dass der Krieg vorbei ist.

Neunte Geschichte:
Wie das Lächeln zu Roncalli kam

Als er noch in den Katakomben lag, wurden verwelkte Blumen an seinem Sarkophag tagtäglich durch frische ersetzt, immer standen, manchmal knieten Menschen davor mit gefalteten Händen und wandten sich vertrauensvoll an ihn, um Fürsprache bittend. Noch immer stehen und knien Menschen vor ihm, aber seit der balsamierte Leichnam in einem gläsernen Sarg, angezogen mit viel Spitze und Stickerei, einem rotsamtenen Häubchen und päpstlichen Pontifikalpantöffelchen, nicht mehr unten, sondern im großen Schiff der römischen Peterskirche steht, ist der Abstand möglicherweise etwas größer geworden. Die halbhelle Intimität, die das Vertrauen der Betenden in den Katakomben umfing, ist verschwunden, und die Grabstätte teilt sich auf als Sammlungsort hilfesuchender und kindlich verehrender Beter einerseits und andererseits als begehrtes Fotomotiv zwischen vielen weiteren für Handy-Touristen. Seit seiner Seligsprechung, der noch die Heiligsprechung folgte, und dem deshalb eingerichteten neuen Ort ist mir der Anblick des mir aus frühester Kindheit so vertrauten »Papa Buono« etwas fremd geworden. Ich meine, diese Zurschaustellung des zur Verehrung hergerichteten Leichnams ist doch ziemlich aus der Zeit gefallen. Schade! Giuseppe Roncalli, Papst Johannes XXIII., blieb auch im allerhöchsten Amt der Kirche, als Stellvertreter Christi, ein natürlicher, lachender, gütiger Mensch. Jetzt liegt er da, wächsern, künstlich, starr. Aber im Himmel ist er bestimmt – ganz neu – der Alte!

In seiner Jugend war Giuseppe Roncalli alles andere als ein ausgeglichener, freier Mensch. Wer sein *Geistliches Tagebuch* liest, findet neben spirituell beeindruckenden Teilen auch Passagen, die zutiefst verstören. Er hat es als junger Priesteramtskandidat und Priester geschrieben, und es ist ein Zeugnis einer Religiosität, die, wie damals üblich, über alles Maß gefüllt war mit Geboten, Verboten, Enge, Kontrolle, dem Gegenteil von Freiheit. Er notiert im Tagebuch auch »geistliche« Übungen, denen er sich unterzog: zum Beispiel einen ganzen Tag mit – natürlich ungekochten, also steinharten – Erbsen in den Schuhen laufen und den empfundenen Schmerz als Gott wohlgefällig und Annäherung an Christus zu begreifen. So etwas nennt man Dolorismus, die gewollte Herbeiführung von Schmerzen und Wunden zur ständigen Erinnerung und Teilhabe an Jesu Leiden und Blutvergießen in der Passion. Einer der schlimmsten Auswüchse, die es in der Kirche und im Christentum gab! Schmerzen als Geschenk Gottes, die der Leidende immer erhöhen, aber nicht lindern durfte. Jesus, der Kranke geheilt, Blinde sehend, Tote lebendig gemacht hat, und Gott, der seinen Sohn nicht dem Kreuzestod mit seinen Demütigungen und Schmerzen überlassen, sondern dagegen in der Auferweckung mit Leben protestiert hat, sind da sehr fern. Noch Stanisław Dziwisz, der ehemalige Sekretär von Johannes Paul II., dann Erzbischof von Krakau und Kardinal, kommentierte den Rücktritt von Papst Benedikt XVI. mit dem Satz: »Christus ist auch nicht vom Kreuz gestiegen!« Das ist ein bisschen nah am Dolorismus, den die Kirche immerhin als Irrlehre gebrandmarkt hat. Ich freue mich über einen Satz des großartigen Theologen Romano Guardini: »Wir sind nur aus einem einzigen Grund auf der Welt: dass einer dem anderen so viel Freude bereitet wie nur möglich.«

Giuseppe Roncalli litt unter einer vergifteten Religiosität. Und die machte sein tägliches Leben aus! Wie konnte es geschehen, dass dieser Mensch sich wandelte zu jenem guten und weisen, weitherzigen und lächelnden Menschen, als den wir ihn kennenlernen durften? Ich glaube, er hat mit der Weisheit des zunehmenden Alters etwas erkannt, was immer wieder in den zahllosen Anekdoten und Geschichten, die sich um seine Person ranken, zutage tritt. Ob die sich alle wirklich so ereignet haben, weiß ich nicht, das ist auch unerheblich. Viele sogenannte Wanderwitze, also übertragbare Geschichten, wurden auch ihm angeheftet. Zum Beispiel habe ihn einmal jemand gefragt: »Heiliger Vater, wie viele Menschen arbeiten eigentlich im Vatikan?« Und er habe geantwortet: »Ich schätze, ungefähr die Hälfte.«

Worauf es aber ankommt, ist das, was mit erfundenen und wirklich geschehenen Anekdoten über die Person Giuseppe Roncalli mitgeteilt wird, indem sie sein Wesen erfassen – das natürlich nicht nur in Anekdoten, sondern auch in seiner Enzyklika *Pacem in Terris* (Frieden auf Erden), in seiner mutigen Reformanstrengung für die katholische Kirche durch das einberufene Konzil, in all seinen Gesten und in seiner freundlichen Zugewandtheit steckte. Insofern sind die Geschichten auf jeden Fall »wahr«. Sie alle äußern eine erstaunliche, von seinem Gottesglauben getragene, tiefe Gelassenheit.

Noch als Papst blieb Giuseppe Roncalli ein Bauernjunge, ohne jede Selbstüberschätzung oder Überheblichkeit. Er hat selbst – also tatsächlich – erzählt: Er habe nächtelang nicht schlafen können, als in ihm der Entschluss gereift war, ein Konzil einzuberufen. Das II. Vatikanische Konzil hat vier Jahre gedauert, schon daran ist zu erkennen, wie gewaltig eine Entscheidung für ein solches Ereignis ist, das ja auch enorme Änderungen in der Kirche anstieß, von Papst Johannes XXIII. so gewollt. Aber so was kann auf dem Menschen, der dafür die volle Verantwortung trägt, natürlich schwer lasten. Also fand er nächtelang keinen Schlaf. Dann, erzählt er, sei ihm ein Engel erschienen, der ihm sagte: »Johannes, nimm dich nicht so wichtig.«

Thomas Mann hat gesagt: Frömmigkeit bedeutet letztlich nichts anderes als kindliches Vertrauen. Allerdings! Gott ist da, bei uns, und er trägt all unsere Lasten, damit letztendlich alles gut wird. Dieses Vertrauen ins Leben – das wir Glaube nennen – kann dermaßen befreien, dass jeder vertrauende und glaubende Mensch es wagen kann, mutige Schritte zu gehen und dafür auch die Last der Verantwortung zu tragen, und zwar: in heiterer Gelassenheit!

Seit seinen Studienzeiten war Giuseppe Roncalli mit Ernesto Buonaiuti befreundet, ein kluger Kopf und ein Dickschädel dazu. Auch Buonaiuti wurde Priester und er bekam über viele Jahre große Probleme mit der »heiligen Inquisition«, die nach dem Konzil euphemistisch in Glaubenskongregation umbenannt wurde. Der Mann wurde von der päpstlichen Aufsichtsbehörde des »Modernismus« bezichtigt, er habe also zu moderne, der Lehre der Kirche widersprechende theologische Ideen im Kopf: sozusagen vom Teufel. Das erging vielen klugen Köpfen in der Theologie so – bis später das Konzil vieles von dem, was sie dachten, zur Lehre der Kirche machte: also vom Heiligen Geist. Dem jungen Dickkopf hat dieser Konflikt nicht so viel ausgemacht, er sah die Kirche auf einem langen Weg mit kleinen Schritten durch die Geschichte pilgern, irgendwann würde sie ankommen und sich von der Wahrheit befreien lassen.

Giuseppe Roncalli und Ernesto Buonaiuti blieben befreundet bis ins hohe Alter. Wenn sie sich trafen und einer der Freunde merkte, dass der andere unter großen Sorgen und schweren Lasten stöhnte, sagte er: »Wozu all die Gedanken und all die Ängste, mein Freund? Christus ist auferstanden!«

So ist es: Der Ostermorgen verwandelt alles Dunkle in Licht. Seine Perspektive auf den lebendigen Christus macht frei, sie ist das Gegenteil von steinharten Erbsen in den Schuhen. Das Gegenteil von Gesetzesreligiosität. Von Angst und Enge, die manche Diener der Religion auch heute noch so gerne verbreiten. Der auferstandene Christus baut keine äußeren und keine inneren Gefängnisse, er führt hinaus ins Weite.

»Wozu all die Gedanken und all die Ängste, mein Freund? Christus ist auferstanden!« Hören Sie dem nächsten amtlichen Verkünder, der zu Ihnen spricht, sei es auf einer Kanzel oder an einem Krankenbett, mal genau zu: Spricht aus seinen Worten diese Freiheit und Menschenliebe? Der heilige Paulus hat das Ende der Angst und des Angstmachens so ausgedrückt: »Tod, wo ist dein Sieg? Wo ist dein Stachelstecken?« (Erster Brief an die Korinther 15,55). »Christus ist auferstanden.« Mit dieser bezeugten Erinnerung und lebensstiftenden Hoffnung übersteht man sogar die heilige Inquisition. Sie hat noch immer einen Stachel, aber der kann höchstens noch piksen und nicht mehr töten; die Macht, den Menschen die Freiheit zu nehmen, ist ihr durch Christus genommen. Denn, noch einmal sei es gesagt: »Christus ist auferstanden.«

Die Antwort, wie aus einem skrupulösen, angstgejagten, im inneren religiösen Gefängnis einsitzenden jungen Giuseppe Roncalli der weitsichtige und gütige *Papa Buono* wurde, ist also klar: Weil er sich radikal dem auferstandenen Christus, dem Licht, der Sonne, zugewandt hat. »*Lumen Christi*«, lautet der Ruf in der Osternacht, »Christus, das Licht!«

Nachtrag:

In Gemeinden und zwischen Christen ist die Sonnenblume zu einem Symbol der Osterliturgie geworden. Sie sieht mit ihren strahlenförmigen, leuchtend gelben Blütenblättern nicht nur aus wie eine Sonne, sie wendet ihren Blütenkopf, ihr Gesicht, auch Tag für Tag diesem Himmelsstern zu. Das Haupt dieser Pflanze dreht sich zum Licht. In der Nacht und beim ersten Lichtschimmer richtet sich die Blüte nach Osten, denn: »*Ex oriente lux!*«, aus dem Osten kommt das Licht. Den Tag über folgt die offene Blüte der Sonne und schaut am Abend ihrem Untergang im Westen zu, bis am nächsten Morgen und den Tag über die Bahn von Neuem gezogen wird. So wie die Sonnenblume warten die Menschen in der Osternacht auf die aufgehende Sonne, Christus. Und wenden ihr/ihm das Gesicht zu: Christen sind *Girasole*, »Sonnendreher«, wie die Blume im Italienischen heißt, oder *Tournesol*, im Französischen.

Wussten Sie, dass eine einzige Pflanze der Sonnenblume 100 Kubikmeter Kohlendioxid pro Tag speichert? Wir reden viel von klimanotwendigen Umwandlungsprozessen in der Gesellschaft, auch in der Kirche und in den Gemeinden, tun uns aber in der Umsetzung sehr schwer damit. Den gigantischen Umwandlungsprozess vor unseren Augen, der Leben überhaupt erst ermöglicht, nehmen wir jedoch kaum wahr. Noch langsam nur bekommen wir weltweit zu spüren, wie lebensgefährlich die Verachtung der Pflanzen und die Vernichtung der Wälder ist. Die Inkas verehrten die Sonnenblume als Gottessymbol, die Grünen tun es auf ihre säkulare Weise. Tatsächlich kann sie kostbare Hinweise für die komische Pflanze Mensch geben: Wohin dreht er seinen Kopf? Was ist die innere Ausrichtung seines Herzens?

»Wozu all die Gedanken und all die Ängste, mein Freund? Christus ist auferstanden!« Dass die Sonne symbolisch für Gott steht, wird biblisch oft gesagt, bis heute singen wir mit Friedrich Spee von Langenfeld: »Ich bin das Licht, ich weise wohl, wie man wahrhaftig wandeln soll.« Nun soll aber der erfahrungsgenaue Franz Kafka das vorletzte Wort haben: »Der Mensch kann nicht leben ohne ein dauerndes Vertrauen zu etwas Unzerstörbarem in sich, wobei sowohl das Unzerstörbare als auch das Vertrauen ihm dauernd verborgen bleiben.« Das unzerstörbare Licht von Giuseppe Roncalli, Ernesto Buonaiuti und vielen anderen leuchtet in dieser Hinwendung: »Wozu all die Gedanken und all die Ängste, mein Freund? Christus ist auferstanden!«

Die Bibel sagt:

Der Geist Gottes ruht auf mir,
einen Auftrag hat mir Gott gegeben,
eine Botschaft: Freude für die Elenden!
Er hat mich gesandt,
die wunden Herzen zu verbinden,
den Gefangenen die Freiheit anzukündigen
und den Gefesselten die Erlösung
und zu rufen:
»Jetzt ist die Stunde, in der Gott hilft!«
Die Trauernden soll ich trösten,
die in Trauerkleidern umhergehen,
in Festgewänder hüllen.
Den Schwermütigen,
die stumm sind von ihrem Leid,
soll ich ein Lied vorsingen:
Lobgesang und Dank.
Ich freue mich an Gott,
meine Seele ist fröhlich über Gott.
Denn er hat mir ein Festkleid angelegt
und gesagt:
»Es ist alles gut zwischen dir und mir.«
Wie einem Bräutigam
hat er mir den Kopfschmuck umgebunden
und wie einer Braut den Brautschmuck.
Denn wie die Erde ihr Gewächs hervorbringt
und der Garten seine Saaten emportreibt,
so lässt der Herr Heil sprossen
und Ruhm vor allen Völkern.

Jesaja 61,1–11

Zwischenstück: Springen oder in den Pub?

Den Wienern sagt man einen speziellen schwarzen Humor nach. André Heller definiert das so: Was dem Bayern die Bayerntracht ist, ist dem Wiener die Niedertracht.

Sollte das stimmen, weiß ich aber auch, dass es zum Ausgleich eine wunderbare wienerische Gelassenheit gibt. Wiener Schmäh kann niederträchtig sein und heiter tragend zugleich:

Ein junges Mädchen, wegen Liebeskummer zu Tode betrübt, möchte von einer Brücke in einen kalten Fluss springen.

Es kommt ein Berliner vorbei. Der Berliner sagt Folgendes:

– Hörma, ick versteh dit jar nisch. So ein junges Mädel, schön wie die Sonne, jetzt willste dir dit Leben nehmen? Dit is doch Blödsinn! Weeßte wat, wir zwee, wir suchen ne Kneipe, und dann trinken wir ne jepflegte Molle, dann sieht dit och schon janz anders aus, wa?

Ein Bayer kommt und sagt:

– Ja Herrgott Sakrament nomoi, wuist dei Leben fortschmeißn? So a jungs Madl, des is doch a Schmarrn. Woaßt wos, Madl, mir zwoa, mir gengan jetzt in an Biergoartn, tringan a Maß, un nachad siegts Leben scho anders aus, gell?

Der Wiener sagt:

– Na, da stehst auf der Brucken und wüst ins Wasser springen. Na, da muss ich nachspringen und dich retten. Des haßt, du verkühlst di, i verkühl mi. Na, des bringt doch nix, Mädel. Waßt wos, geh ham, nimm an Strick und häng di auf!

Kollege Michael Mittermeier hat eine Zeit in Wien gewohnt und erzählt gerne folgende wahre Geschichte: Er sitzt im Auto und muss an einer großen Kreuzung vor der roten Ampel ganz vorne halten, um dann links abzubiegen. Aber er ist in Gedanken vertieft und bekommt nicht mit, dass die Ampel auf Grün gesprungen ist, er fährt also nicht. Die Ampel springt weiter über Gelb auf Rot. In jeder deutschen Stadt wäre ein Hupkonzert losgegangen mit Verfluchungen und Verwünschungen über diesen trotteligen Autofahrer an der Spitze der Schlange. In Wien: Als die Ampel von Grün über Gelb auf Rot gesprungen war, steigt der Fahrer aus dem Auto hinter Michael Mittermeier aus, kommt langsam ans Seitenfenster und klopft. Mittermeier lässt die Scheibe runter. Und dann sagt der Wiener:»Na, Meister, war die richtige Farbe nicht dabei?«

So kann man über den Dingen stehen und hält die Seele gesund.

Ich mag Witze, die ein bisschen indirekt sind, bei denen erst nach kurzem Nachdenken der Groschen fällt und die dann umso verblüffender sind. Keiner kann bis heute ganz schlüssig erklären, warum Witze eigentlich witzig sind und zu diesem befreienden Gefühl des Lachens führen. Ich behaupte, weil sie zu einer Perspektive über den Dingen führen. Wer über den Dingen steht, ist leicht wie ein Engel. Sie werden ja traditionell mit Flügeln dargestellt, also ist hier etwas göttlich Leichtes. Alle Menschen dieser Welt lassen, wenn sie traurig sind, ihre Schultern hängen. Es geht nach unten. Deshalb wird der Teufel symbolisch unten in der Erde vermutet, alles Göttliche oben, im Himmel. Der Priester hält die Arme hoch über sich, wenn er mit der und für die Gemeinde betet, in der Kirche heißt das Orantenhaltung. Der Witz ist eine Orantenhaltung des Lebens, er macht leicht, er hebt die Stimmung, er erhebt den Lachenden.

Zum Beispiel so:

Ein Rheinländer muss zum ersten Mal in seinem Leben nach England. Er sagt seinem Kumpel:

– »Ich muss nach England.«

– »Ja«, sagt der, »ist doch schön.«

– »Nee, das ist überhaupt nicht schön, ich kann nämlich kein Englisch.«

– »Ach, hör auf mit den Sorgen wegen dem Englischen! Weißt du, du musst dir nur Folgendes merken: Kurze Sätze sagen und laut und langsam und deutlich, du wirst verblüfft sein, wie gut dann die Verständigung klappt.«

Gut, der Rheinländer reist nach England, und da er Kölner ist, geht er als Erstes in eine Kneipe. Er stellt sich vor den Wirt und sagt langsam und mit Pausen:

– »Ich - hät-te - ger-ne - ein - Bi-er.«

– Der Wirt: »Ein - gro-ßes - o-der - klei-nes?«

– Der Kölner: »Ein - gro-ßes!«

– Der Wirt: »Wo - kommst - du - denn - her?«

– Der Kölner: »Aus - Kö-ln-Eh-ren-feld.«

– Der Wirt: »Ich - aus - Kö-ln-Nip-pes.«

– Da sagt der Angereiste: »Du Jeck, und warum reden wir die janze Zeit Englisch?«

So sieht es auch Gilbert Keith Chesterton, der Schöpfer des berühmten Schlitzohrs und Hobbydetektivs Pater Brown: »Humor ist eine Erscheinungsform der Religion. Nur wer über den Dingen steht, kann sie belächeln.«

Zehnte Geschichte:
Wie Churchills Unterhose die frommste Flagge Europas möglich machte

Wikipedia weiß echt viel. Aber dennoch ist sie sich unsicher, woher eigentlich die blaue Europaflagge mit den zwölf Sternen kommt. Das enzyklopädische Internet-Werk bleibt bei dieser Frage seltsam im Ungefähren. Es schreibt, wahrscheinlich sei die Zwölferzahl der Sterne als uraltes Symbol der Vollkommenheit gemeint, genauso wie der Kreis, in den sie eingeordnet sind. Wahrscheinlich, wahrscheinlich! Fest steht, dass die Zahl niemals die Anzahl der Mitgliedstaaten meinte. Also, Vollkommenheit? In der Tat, die Zahl zwölf ist fast magisch: zwölf Stunden am Tag, zwölf Stunden in der Nacht, zwölf Monate, zwölf Tierkreiszeichen, zwölf Stämme Israels, auf zwölf Steinen wurde im alten Bund das Blut der Opfertiere ausgegossen, zwölf Apostel, zwölf Tore führen in das himmlische Jerusalem – alles deutet auf Vollkommenheit, und dieses Buch enthält ja auch zwölf Geschichten ...

Mein alter Lehrer Adolf Hutmacher aus Neuss, der sich mit Zahlensymbolik auskannte und darüber promiviert hat, erklärte uns einleuchtend die Symbolik der Zwölferzahl. Er hat sein Leben der Frage der biblischen, nicht selten absurden Zahlen gewidmet. Methusalem zum Beispiel soll laut Altem Testament 969 Jahre alt geworden sein. Was soll das? Kreationisten, also die, die daran festhalten, Gott habe die Welt in sechs Tagen fix und fertig erschaffen und sich dann einen ganzen Tag lang ausgeruht, sagen: Der ist halt genau so alt geworden. Für sie ist die Bibel beim Wortlaut zu nehmen.

Mein Lehrer war kein Kreationist, sondern klug. Er hat forschend herausgefunden, dass biblische Zahlen, vor allem des Alten, hebräischen Testaments, weniger eine numerisch-mathematische, sondern wesentlich eine symbolische, tiefere Bedeutung haben. In den Mythen und Märchen der Kulturen ist das auch so.

Der Klassiker überall ist die Zahl 3. In der Bibel bedeutet sie immer: Hier geschieht etwas Göttliches. Drei Tage blieb Jesus im Tod, dann … Drei Personen in einem Wesen: Gott. Mathematisch ist diese Aussage über Gott ein Unsinn, religiös sagt sie viel Sinnvolles über das Umfassende, Dialogische, Nicht-Einfältige, Einheitliche, Zugewandte, Göttliche und Menschliche, auch noch viel mehr, in Gott aus. In ihm ist geeint, was in der Welt getrennt und gespalten ist. Dieselbe Symbolik enthält schon die alttestamentliche Erzählung über Gott in der Szene des Besuches der drei Männer bei Abraham. Die drei gemeinsam symbolisieren den Besuch des einen Gottes. Die Szene ist in einer sehr berühmten Ikone dargestellt. Sie zeigt drei Engel bei Abraham: Die drei, das waren der Eine. Den Menschen des Altertums waren diese symbolischen Aussagen der Zahlen bekannt, sie verstanden sie. Heute sind sie zu erklären. Und wer bei Methusalem anfängt zu rechnen, wie lange über die Sintflut hinaus er gelebt hat, mag zweifellos fromm sein – liegt aber trotzdem mächtig schief.

Die 4 symbolisiert das Weltliche. Vier Himmelsrichtungen, vier Jahreszeiten, vier Elemente. Die beiden Zahlen, 3 und 4, das Göttliche und das Weltliche, miteinander kombiniert, ergeben zwei weitere symbolische Zahlen: 7 durch Addition – die sieben Tage der Schöpfungserzählung, die sieben Sakramente, die sieben Gaben des Heiligen Geistes ...; und 12 durch Multiplikation, die zwölf Stämme Israels, die Apostel, die Tore des himmlischen Jerusalem ... Wer das unbedingt will, kann natürlich gegen alle Erkenntnisse die Lehre von der Evolution ablehnen und an der Genesis-Zahl 7 der Schöpfungstage festhalten. Aber es ist deutlich: So versteht ein Gläubiger nicht nur die Welt nicht, und keinesfalls besser als andere, so versteht er auch die Bibel nicht. Pinchas Lapide, der jüdische Religionswissenschaftler, hat gesagt: »Entweder nehme ich die Bibel wörtlich oder ernst, beides zusammen geht nicht.«

Nehmen wir die Bibel also ernst: In der Zahl 12 kombinieren sich das Göttliche und das Weltliche, sie multiplizieren sich damit auf ein viel Größeres. Diese Erklärung für die Herkunft und Bestimmung der Zahl der Sterne auf der Europaflagge scheint mir mindestens so schlüssig wie die, aus zwölf Sternen könne man wunderbar einen Kreis machen. Das kann man nämlich auch aus elf, aus 27 und aus 2135 Sternen. Die Zwölf ist einerseits eine religiöse Zahl. Sie dient aber auch andererseits als Maß beim Verkauf von Eiern: Ein Dutzend war früher im Handel eine sehr gebräuchliche Mengeneinheit. Sie spielt bei allen Menschen – religiös oder nicht – und in fast allen Kulturen eine besondere Rolle. Niemand wird dadurch auf einen Glauben oder eine Religion fixiert oder für sie vereinnahmt.

Die europäischen Institutionen, der Europarat und die Vorgängerorganisationen der EU suchten lange nach einer gemeinsamen Flagge. Wenn es dabei um Sterne ging, waren viele Zahlen im Gespräch und auf Entwürfen – von einem Stern bis zur Zahl der Mitglieder und der der europäischen Staaten überhaupt. 1955 beschloss der Europarat die uns heute bekannte Europaflagge und erklärte sie in einem Beschluss des Ministerkomitees so: »Gegen den blauen Himmel der westlichen Welt stellen die Sterne die Völker Europas in einem Kreis, dem Zeichen der Einheit, dar. Die Zahl der Sterne ist unveränderlich auf zwölf festgesetzt, diese Zahl versinnbildlicht die Vollkommenheit und die Vollständigkeit … Wie die zwölf Zeichen des Tierkreises das gesamte Universum verkörpern, so stellen die zwölf goldenen Sterne alle Völker Europas dar, auch diejenigen, welche an dem Aufbau Europas in Einheit und Frieden noch nicht teilnehmen können.«

Aha! In der Erläuterung spiegelt sich die Situation des in Blöcken gespaltenen Europas der Nachkriegsordnung – und das Wissen um Symbolik. Die wurde aber natürlich nicht 1949 erfunden. Und die Tierkreiszeichen sind davon auch nur ein Teil.

»Inoffizielle Interpretationen« führt Wikipedia noch an und darunter den schönen Satz: »Gelegentlich wird die Flagge vor einem christlich-biblischen Hintergrund gedeutet.« Ja, es gibt christliche Interpretationen, wobei die Symboliken von Sternen, der Zahl 12 und dem Blau keine christliche Erfindung ist, sondern auf eine weit ältere und bei der frühen Entwicklung des Christentums bereits vorhandene Symbolwelt zurückgehen. Wikipedia schreibt, es existierten mithin verschiedene Erklärungen für den Sinn der Flagge, dafür gebe es aber keine Belege.

Eine dieser »inoffiziellen« Erklärungen für die europäische Flagge mit zwölf Sternen in einem Kranz auf blauem Grund möchte ich erzählen. Ich kann für ihre Richtigkeit in der Tat keinen schriftlichen Beleg vorweisen. Ich vertraue aber auf den Mann, der seinen Freunden erzählt hat, wie und warum er, der für die Gestaltung der Flagge verantwortlich war, diese Symbolik gewählt hat.

Der Name dieses Mannes ist Paul Lévy. Er hat jüdische Wurzeln. Da er aber immer eine Affinität zum Christentum hatte und darin zur katholischen Kirche, konvertierte er nach dem Krieg und ließ sich taufen. Paul Lévy war, wie viele Konvertiten, bis in die letzte Haarspitze fromm und katholisch. Er erzählt also von den verschiedenen Vorschlägen, die für die Flagge gemacht wurden. Und natürlich sieht er Europa mit seinen christlichen und auch mit seinen jüdischen Wurzeln: Diese historische Prägung Europas anzuerkennen, heißt ja nicht, sie in allem und aus vollem Herzen bejahen zu müssen. Aber ohne das christliche und das jüdische Wurzelwerk ist dieses Europa, wie es wurde und wie es ist, nun mal nicht denkbar. Da mag man sich auf den atheistischen Kopf stellen, aber als der Apostel Paulus nach Griechenland und Sizilien aufbrach, schließlich in Rom die neue Lehre verkündete, da trat in die Geschichte des Kontinents ein lange und intensiv prägendes Element ein. Das sich mächtig entfaltet hat. Und als die Juden in die Diaspora ziehen mussten und sich in den Ländern Europas verteilten, brachten sie ihre Religion, ihre Traditionen, Kultur, Kunst und Können mit. Das prägt. Ohne dieses oder jenes oder noch ein Drittes moralisch werten zu wollen – klar bin ich Christ! –, wird man historisch feststellen müssen: Die christliche Wurzel ist am meisten gewachsen und hat in allen Ländern Europas viele Ableger und Blüten hervorgebracht.

Flaggen sind für alle da, die sich darunter versammeln (müssen). Deshalb kam natürlich ein Kreuz wie bei den skandinavischen Ländern, bei England und Island, auch in Griechenlands Flagge, nicht infrage und stieß auf erbitterten Widerstand nicht-christlicher Parlamentarier, besonders in der kommunistischen Fraktion. Sehr bald kam die Idee mit dem Kreis, dann auch die mit einem Kreis aus Punkten, noch nicht aus Sternen. Aber die mit weißen, schwarzen oder silbernen Punkten vorgelegten Entwürfe sahen aus wie früher die Telefon-Wählscheiben, die Ähnlichkeit machte das Symbol zur Albernheit. Ein weiterer Entwurf setzte ein großes grünes, breit gezogenes E ein. Der gedehnte grüne Blockbuchstabe ließ eine weiße Grundfläche frei, die verblüffend einer langen Männerunterhose im Wind auf der Wäscheleine glich, und schön war er auch nicht. Dieser Entwurf kam aus England, er wurde in der Kommission als »Churchills Unterhose« verspottet. Geht gar nicht! Abgelehnt.

Und dann, nach vielen Überlegungen und Entwürfen, erzählt Paul Lévy, habe er an einem strahlenden Sommertag einen Spaziergang gemacht. Er kam an einer der zahlreich in Europa stehenden Madonnenstatuen vorbei. Und da sieht er es. Ich weiß nicht, über welchen Platz in Europa Paul Lévy schlenderte, vielleicht stieg er über die Spanische Treppe in Rom hinauf auf den Platz vor der Kirche Santa Trinità dei Monti, da steht sie, aber auch auf vielen weiteren Plätzen: »eine Frau, die mit dem Glanz der Sonne bekleidet war. Unter ihren Füßen stand der Mond und auf ihrem Haupt strahlte eine Krone aus zwölf Sternen« (Offenbarung des Johannes 12,1), die Frau aus der Apokalypse. Im letzten Buch des Neuen Testaments, eines seiner jüngsten und voller Symbolik, wird sie geheimnisvoll beschrieben. Da hat sie keinen Namen, aber die Katholiken haben sie natürlich sofort »Maria« genannt. Und sie singen von ihr:

Sagt an, wer ist doch diese,
die auf am Himmel geht?
Die überm Paradiese
als Morgenröte steht?
Sie kommt hervor von ferne,

es schmückt sie Mond und Sterne,
die Braut von Nazaret.*

Sie ist vielhundertfach gemalt, in Marmor, Holz und Gips gefasst, mit Versen besungen, die »Sonnenumglänzete, Sternenbekränzete«. Ihre Darstellung in der Ikonografie der Kunst Europas verweist auf die *Immaculata*, Maria, die selbst ohne Sünde empfangen und geboren wurde, sozusagen ohne Macke. Und nun stelle man sich also, wie Paul Lévy es nach eigenen Angaben getan hat, an einem strahlenden Sonnentag direkt unten an den Fuß einer wie in Rom auf einer Säule hoch erhöhten Maria Immaculata und schaue senkrecht nach oben. Im Blick: vor blauem Himmel der Kranz aus zwölf goldenen Sternen.

Das, sagt Paul Lévy, habe ihn inspiriert. Natürlich habe er das nie in den Kommissionen, Komitees und Räten gesagt, als er das Modell der Flagge vorstellte: blauer Grund mit zwölf im Kreis angeordneten goldgelben Sternen. Denn das, die sehr katholische Immaculata-Symbolik, hätte natürlich Protest provoziert und zur Ablehnung geführt.

Nun, seit Jahren debattiert das Europäische Parlament, in dem ja auch seltsame Vögel von ganz links bis ganz rechts einen Platz haben, verkündet die Europäische Kommission, streiten und einigen sich der Europäische Rat, Ministerräte, Kommissionen sowie Beamte der EU und aller europäischen Institutionen unter – einer Muttergottes-Flagge. Ist doch egal, wie sie die Symbolik deuten. Ich denke: So schlecht ist das nicht. Die Sternenbekränzte hat einen weiten Blick, einen hellen Geist und ein gutes Herz.

---

* Gotteslob, Katholisches Gebet- und Gesangbuch, Stuttgart 2013, Nummer 531.

Die Bibel sagt:

Ich hörte eine große Stimme sagen
von Gottes Thron her:
»Sieh her! Hier wohnt Gott bei den Menschen.
Er wird bei ihnen bleiben,
sie werden sein Volk sein
und er selbst, Gott, wird ihnen nahe sein.
Er wird abwischen alle Tränen
aus ihren Augen.
Der Tod wird nicht mehr sein,
kein Leid, keine Klage, kein Schmerz,
denn was war, ist vergangen.«

Offenbarung 21,3–4

Zwischenstück: Gegen das Böse lachen

Humor als Rettung gegen die verzweifelten Situationen der Welt hat der jüdische Humor großartig entwickelt. Es ist eine traurige Wahrheit: Ohne das schreckliche Leid dieses Volkes, die vielen Gründe zur Angst, wäre der jüdische Humor niemals zu seiner genialen Blüte gewachsen.

Ein jüdischer Witz aus der Weltwirtschaftskrise der 20er-Jahre:

Hungrig bis unter die Arme, keinen Cent in der Tasche, kommen zwei Juden an einer katholischen Kirche in New York vorbei und sie sehen ein Schild am Eingang der Kirche hängen: »Wer sich taufen lässt, bekommt 100 Dollar.«

– »Na«, sagt der eine Jude zu dem anderen, »da kannst du mal sehen, die Gojim, die Christen, was sind das für Lügner. Als würde es Geld geben dafür, dass man sich taufen lässt. Das ist nur ein Trick, um in die Kirche zu locken, glaub mir, mein Bruder.«

– »Vielleicht können wir es erfahren, ob es stimmt«, sagt der andere, »ich werde mal reingehen, ich werde den Pfarrer fragen, ob es wirklich wahr ist, dass er bei einer Taufe 100 Dollar bezahlt.«

– »Ja, dann geh mal rein, ich warte hier, bin gespannt.«

Es dauert. Nach einer Dreiviertelstunde kommt der Späher zurück.

– »Na sag, hast du den Pfarrer getroffen, hat er wirklich bestätigt, dass man 100 Dollar bekommt für eine Taufe?«

Darauf sagt der andere:

– »Weißt du, genau das ist es, was uns Christen an euch Juden so missfällt: Euch geht es immer nur ums Geld!«

Genial! Voller Selbstironie! Und die Vorurteile anderer werden gleich mit aufgespießt. Nicht erst seit dem unsäglichen

Fake-Werk *Protokolle der Weisen von Zion* ist das antisemitische Vorurteil – Geldgier, Weltherrschaft usw. – nicht auszurotten. Als Jude könnte man nun daran verzweifeln. Besser ist es, darüber zu lachen. Im selbstironischen Witz zeigt sich die freie Überlegenheit gegenüber böser Dummheit. Zum Beispiel:

Der alte Mendel lässt beide Kinder, Tochter und Sohn, im fernen Deutschland studieren. Er ruft seinen Filius aus Tel Aviv an. Dieser freut sich, die Stimme seines alten Vaters zu hören.

– »Papa, schön, warum rufst du an?«

– »Na, muss ich dir sagen, deine Mutter und ich, wir lassen uns scheiden.«

– »Was«, antwortet entsetzt der Sohn, »ihr seid so lange zusammen, das ist doch eine Kurzschlusshandlung! Was ist denn passiert?«

– »Es ist nichts passiert, aber weißt du, 50 Jahre Krieg ist mir einfach genug, wir lassen uns scheiden. Punkt.«

– »Papa, tu mir den Gefallen, macht noch gar nichts! Ich melde mich sofort bei meiner Schwester, und wir beide, wir nehmen den nächsten Flug nach Tel Aviv. Und bis wir beide bei euch sind, macht ihr gar nichts! Hast du gehört?«

– »Na, ich bin nicht blöd, ich habe gehört.«

– »Versprichst du mir das?«

– »Na gut, ich verspreche, bis ihr beiden da seid, machen deine Mutter und ich noch nichts wegen der Scheidung.«

Beide legen auf. Der alte Mendel in Tel Aviv dreht sich um, schaut seine Frau an und sagt strahlend: »Wunderbar! Hat geklappt! Sie kommen beide zum Pessach und bezahlen den Flug selber.«

Herrliche Selbstironie! Leichtigkeit hilft leben. Auch wenn das Leben eben nicht nur leicht ist.

Elfte Geschichte:
Wie ein 2000 Jahre alter Steinbogen aus Rom mir ein Tor zur Hoffnung wurde

Fanfarenstöße! Als Schülerinnen und Schüler haben wir davon im Geschichtsunterricht gehört und es uns im Kopf ausgemalt: Wenn ein Feldherr nach erfolgreicher Schlacht nach Rom zurückkehrte, wurde ein großer Aufzug zelebriert, ein Theater choreografiert, das seinesgleichen suchte.

Auf dem Forum Romanum standen die Römerinnen und Römer mit jubelnden »*Salve, salve*«-Rufen und boten vor den Prachtbauten, einem gigantischen Filmschinken aus Hollywood gleich, die prächtigste Kulisse für einen Triumphzug, der hinauf zum Kapitol führte. Dem Zug voran ging der, der das Schild des Feldherrn trug. Schon als Kind erkannte ich, dass beim Einzug in der Liturgie des Hochamtes der katholischen Kirche genauso ein Triumphzug aufgeführt wird. Hier ist das Schild an der Spitze das Vortragekreuz. Daran ist bereits zu erkennen, wer in diesem Aufzug der Wichtigste ist: Es ist der seltsamste König der Welt, ein König, der am Kreuz zu Tode gemartert wurde und deshalb verehrt wird. Dort, im antiken Rom, war es ein mit kriegerischer Macht und Siegergeschichte ausgestatteter Feldherr, später im Imperium nur noch der Kaiser. Dem römischen Triumphzug ging das Schild des römischen Reiches mit dem Adler voran und das Schild mit dem persönlichen Wappen des meist adligen Feldherrn.

Dann kamen die Fackelträger, in der Prozession sind es die Akolythen, also Messdiener mit Leuchtern. Und so wie in der Kirche nun alle an der Liturgie mit Aufgaben Beteiligten kommen, so schritten im Triumphzug die siegreichen Truppen und führten auch Kriegsbeute und Gefangene mit, um sie stolz herzuzeigen. Dabei waren auch Opfertiere, die zum Abschluss der Feierlichkeiten auf dem Kapitol dem Gott Jupiter geopfert wurden.

Dem Triumphator voran schritt eine Gruppe mit lorbeerumwundenen *fasces*, Rutenbündeln – daraus leiteten später die Faschisten ihren Namen ab. Die Rutenbündelträger gibt es in der kirchlichen Prozession Gott sei Dank nicht. Den siegreichen Feldherrn oder Kaiser begleiteten auch die Generäle oder Helden des Krieges, die sich im Kampf Verdienste erworben hatten. In der Prozession begleiten oft Diakone den Hauptzelebranten, den Priester, Bischof, Kardinal oder Papst. Der Triumphator, für den dieser ganze Aufzug veranstaltet wurde, kam zum Schluss auf einer Quadriga, einem zweirädrigen, mit vier Pferden bespannten, prächtigen Wagen – wie die kupferne Quadriga mit der Siegesgöttin Victoria auf dem Brandenburger Tor in Berlin.

Der siegreiche Feldherr oder Kaiser badete im Jubel der Menge. Ich möchte meinen, er platzte fast vor Stolz und Ergriffenheit von sich selbst. In diesem Moment war er der Siegelträger des ewigen Rom, der Weltmacht. Er trug für diesen Anlass eine besondere Kleidung, die an Jupiter und die römischen Könige früherer Zeit erinnerte. Alles sehr prächtig. Aber direkt hinter ihm, auf dem Wagen, stand ein Staatssklave und hielt einen goldenen Lorbeerkranz über seinem Haupt – und flüsterte ihm immer wieder ins Ohr: »Bedenke, dass auch du ein Mensch bist!«

Wenn zu Beginn der Fastenzeit am Aschermittwoch der Priester den Gläubigen mit Asche ein kleines Kreuz auf die Stirn zeichnet, sagt er dazu: »Bedenke, Mensch, dass du Staub bist und zum Staub zurückkehrst!« Beide Rituale, das römische und das katholische, meinen Ähnliches: Heb nicht ab, bleib auf dem Teppich! Und: Du bist auch nur ein sterblicher Mensch wie alle anderen! Und: Lass dich nicht von Ruhm, Glanz und Jubel – des Triumphzuges, des vorangehenden Karnevals – blenden, sondern besinne dich auf das Eigentliche und Wesentliche!

Der weltliche Ruhm, alle weltlichen Freuden, aller Genuss, alles Großtun, das »*America first*« – alles das ist schon bei seiner pompösen Darstellung und im Moment des vollmundigen Aussprechens auf dem Weg, zugrunde zu gehen. Bedenke, dass du sterblich bist! Für mich ist diese Aufforderung einer der wichtigsten Sätze in meinem Nachdenken über die Welt. Und wird gespiegelt in einem herrlichen Witz, den ich hier unbedingt zitieren muss:

Der Sekretär von Donald Trump berichtet, dass er in der vorangegangenen Nacht von seinem Präsidenten geträumt habe.

– »Erzähl!«, fordert Trump ihn auf.

– »Nun, mein Präsident, ich träumte von einem Triumphzug durch Washington. Und Ihr wart die Hauptperson. Die Menschen jubelten und tanzten. Kinder ließen Luftballons aufsteigen. Girlanden und Blumen schmückten die Straßen.«

– »Wunderbar«, antwortet Mr. President. »Und? Sah ich gut aus? Saß die Frisur?«

– »Das weiß ich nicht, antwortet der Sekretär. Ihr Sarg war zu.«

O wunderbarer schwarzer Humor! Er macht leicht und bringt dich auf den Teppich zurück.

Es ist wahr: Jeder von uns möchte geliebt werden, jeder von uns sucht danach, dass er sinnbildlich auch einmal auf solch einem Wägelchen wie der Quadriga stehen darf und die Menge ihm gebührend zujubelt: die Sehnsucht nach Ruhm, um Anerkennung zu erfahren. Gleichgültig, ob ich diesen Ruhm als Künstler suche, indem ich mir vorstelle, vor einem voll besetzten Saal mich verbeugend im Applaus des Publikums zu baden, oder als Priester, der davon träumt, einmal Bischof oder Kardinal, am besten Papst zu werden: Es ist immer die zutiefst menschliche Regung, die uns motivierend ins Leben trägt, zum Handeln und Gestalten anregt, uns etwas auf die Beine stellen lässt. An sich ist diese Wunschvorstellung als Antrieb in uns nicht schlimm, eher harmlos und ein bisschen lustig. Schlimm wird sie allerdings, wenn sie zum Wesen meines Charakters wird. Wenn diese kindliche Wunschvorstellung in den Mittelpunkt all meines Denkens, Strebens und Fühlens rückt, gehe ich letztendlich über Leichen.

»*America first*« heißt ja eigentlich nur: »Ich an erster Stelle«. Die Egozentrik steckt in so manchen politischen oder ökonomischen Slogans und Leitmotiven, in vielen Karriereplänen. In diesem offenen oder verdeckten Anspruch äußert sich die Ursünde des Menschen: Sich selbst so zu verherrlichen, dass andere Menschen mindestens bedeutungslos werden, wenn sie nicht gedemütigt oder sogar beseitigt werden müssen, um die eigene einsame Gipfelposition zu manifestieren, den Platz auf der Quadriga. Im römischen Triumphzug wurden Kriegsgefangene an Ketten wie Tiere mit- und vorgeführt zum Ruhm des Triumphators, die gefangenen Anführer der Besiegten wurden am Ende der Machtinszenierung »triumphal«, nämlich unter öffentlichem Jubel, getötet. Der Triumph der einen führt über die Leichen der anderen. Nichts anderes als Leichenzüge waren die Triumphmärsche der Nazis, die

Militärparaden der Diktatoren dieser Welt, ob sie sich nun braun, schwarz oder rot einfärben. Sich als Sonne der Welt zu manifestieren versetzt andere ins Schattenreich des Todes.

Aber auch der Mensch, der den Platz »auf der Quadriga« erreicht hat, bekommt den wichtigsten Satz ins Ohr geflüstert – tatsächlich von einem Sklaven oder als ungesagte, aber unüberhörbare Mahnung aus der Erfahrungsgeschichte der Menschheit: Bedenke, dass du sterblich bist! Bedenke, dass das, was du jetzt fühlst und erfährst, nicht bleibt. Wenn du das glauben solltest, bist du ein armer Hund. Denn die Vergänglichkeit von Macht und Ruhm, sogar die natürliche Begrenztheit deines Lebens wirst du als Scheitern deiner selbst empfinden. Schau auf die Menschen, von denen du einer unter vielen bist! Und schau auf die unter ihnen, die ausstrahlen und anderen Licht und Wärme vermitteln, ohne den Platz auf der Quadriga zu beanspruchen! Das Glück der anderen ist auch ihr eigenes.

Für die römischen Triumphzüge wurden auf dem Weg vom Marsfeld zum Kapitol große Bögen gebaut. Sie wurden ausgeschmückt mit Säulen, Girlanden und Statuen, zunächst der Götter, später dann des Feldherrn oder Kaisers, und sie wurden immer größer und bombastischer. Auch das machte Schule. So hat der kleine Korse sich in Paris einen gigantischen Arc de Triomphe auf die frühere Place de l'Étoile, heute Place Charles-de-Gaulle bauen lassen: zum Ruhm der kaiserlichen Armeen und natürlich zu seinem eigenen. Übrigens: Einen ersten, mit demselben Ruhmesgedanken, den Arc de Triomphe du Carrousel, hatte Napoleon nach dem Vorbild des Septimius-Severus-Bogens in Rom zwischen Louvre und Tuilerien schon vorher bauen lassen. Der zweite, berühmtere, ist gleich doppelt so groß; er wurde unter dem korsischen Kaiser nicht fertig, auch noch nicht unter dem ihm folgenden

Bourbonen-König, erst unter dem nächsten, dem Bürger-könig, wurde er fertiggestellt. Alle wollten den Bogen. Noch die republikanischen Präsidenten nutzen ihn gern für nationale Feiern mit dem eigenen Auftritt im Zentrum. Die Darstellung kaiserlichen Kriegstriumphes auf dem Arc de Triomphe stören sie dabei nicht.

Wer heute in Rom zutiefst ergriffen vom Atem der Geschichte über das Forum Romanum wandelt, steht bald unweigerlich vor dem mächtigen Titusbogen. Titus war jener Feldherr, der endlich mit diesem widerspenstigen kleinen Volk am Rand des Römischen Reiches, einem kleinen gallischen Dorf in der nördlichen Provinz nicht unähnlich, aufgeräumt hatte: dem jüdischen Volk in der Levante an der östlichen Mittelmeerküste. Immer und immer wieder hatte dieses im Vielvölkerreich recht eigentümliche Volk zwischen Meer und Wüste Widerstand geleistet gegen die römische Besatzung. Titus setzte dem ein Ende. Er wusste, wie er es anstellen musste, dieses Volk und seinen Eigensinn zu brechen, nur eine siegreiche Schlacht und Eroberung genügten dafür nicht. Aber es gab ein Mittel: Titus ließ den Tempel dieses Volkes in Jerusalem zerstören. Das heißt: Er rammte seine mächtigen Mauerbrecher mitten ins Herz des jüdischen Volkes, in seine Identität.

Das war im Jahr 70 nach Christus. Was der Tempel bis dahin bedeutete, wissen wir aus Erzählungen und Berichten der Bibel. Im Ersten Buch der Könige gibt es einen Baubericht über den ersten Tempel in Jerusalem unter König Salomon. In ihm fand die Bundeslade ihren Platz, die König David nach Jerusalem hatte bringen lassen. Vorher war sie, so erzählt es die Bibel, in einem Zelt untergebracht, also mobil; das »Zelt der Begegnung« hatte bereits ganz ähnliche Funktionen wie der spätere Tempel. Dieser erste Bau entstand im 10. oder 9.

Jahrhundert vor Christus. 586 v. Chr. wurde dieser Tempel bei der Eroberung Jerusalems durch die Neubabylonier zerstört, die Judäer wurden ins Exil verschleppt. Als sie aus dem babylonischen Exil zurückkehrten, bauten sie um 535 v. Chr. einen neuen, den zweiten Tempel. Als dieser baufällig geworden war, begann 21 v. Chr. Herodes der Große mit einer großen Umgestaltungsaktion, die erst Jahre nach seinem Tod beendet wurde.

Dieser Tempel wird dann auch in vielen neutestamentlichen Schriften erwähnt und spielt im Leben Jesu eine bedeutende Rolle. Seine Eltern brachten den kleinen Sohn zum Hohepriester wie alle frommen jüdischen Mütter und Väter ihre erstgeborenen Söhne, die sie symbolhaft Gott weihten und aufopferten. Seit dem Geschehen in Morija, als Abraham seinen Sohn Isaak opfern, tatsächlich schlachten sollte, Gottes Engel aber eingreift und ihn daran hindert, gilt für die Juden: Gott will keine Menschenopfer. Diese in der hebräischen Bibel zentrale Geschichte belegt nicht die Grausamkeit von Religion – die sehr wohl auch grausam und menschenverachtend sein kann –, sondern die Barmherzigkeit, die Gott mit den Menschen verbindet. Denn religiöse Menschenopfer gab es von frühester Zeit an, in vielen Kulturen war es normal, Kinder, oft den Erstgeborenen, oder auch Erwachsene zur Besänftigung und zum Gunstgewinn einer Gottheit zu töten. Das kleine jüdische Volk gehörte zu den ersten Völkern, wenn es nicht überhaupt das erste Volk war, das diesen Ritus des Opferns von Menschen abschaffte und symbolisch ersetzte durch Gebet, Tempelriten und Tieropfer. So ein symbolischer Akt war auch die »Darstellung« des Erstgeborenen im Tempel. Das Kind wurde also nicht geopfert, sondern mit diesem Besuch im heiligen Haus Gottes bekräftigte sich die Bindung zwischen Gott und Mensch, vom Hohepriester bestätigt. Der Überlieferung gemäß wurde – wie Abraham statt seines Sohnes einen Widder geopfert hatte – ein einjähriges Lamm und eine Turteltaube oder stattdessen von ärmeren Leuten ein Paar Tauben geopfert. Übrigens: Die Eltern Jesu gehörten zu den Ärmeren.

Neben der archaischen Geschichte der verhinderten Opferung Isaaks, die wesentlich war für den jüdischen Tempelkult, zu dem wiederum die »Darstellung« Jesu gehört (im freudenreichen Rosenkranz heißt es: »... den du, o Jungfrau, im Tempel aufgeopfert hast«), kennen wir aus dem Neuen Testament die Geschichte des zwölfjährigen Jesus im Tempel (»... den du, o Jungfrau, im Tempel wiedergefunden hast«). Auch dieser Geschichte geht eine große jüdische Tradition voraus, die Tempelwallfahrt. Die Eltern Jesu nahmen mit ihrem Sohn daran teil. Das ist wohl das Ur- und Vorbild aller unserer christlichen Wallfahrten und Pilgerwege (»Ich bin dann mal weg«).

Und schließlich: Für uns Christen ist, bildhaft, das letzte Pessach- oder Osterlamm, das geschlachtet wurde, eben dieser Jesus, der am Kreuz getötet wurde. Danach waren auch die Tieropfer obsolet geworden und an die Stelle eines blutverschmierten Altars trat der Altartisch für das Versöhnungsmahl. Für mich eine nahezu unglaubliche Vorstellung: Er, Jesus, wurde gekreuzigt am Fest des Pessach, und der Gekreuzigte hörte aus dem Innenhof des Tempels das Schreien der Lämmer – mehr als 10.000! –, die geschlachtet wurden. Die Priester des Tempels wateten im Blut. Nach den Todesschreien der Tiere ist das Schweigen die eindringlichste Wahrnehmung. Dieses Motiv greift übrigens auch der berühmte Film *Das Schweigen der Lämmer* mit Jodie Foster und Anthony Hopkins auf (wenn Dr. Hannibal Lecter diabolisch flüstert: »Hörst du das Schweigen der Lämmer, Clarice?«). So hörte auch der Gekreuzigte auf dem Golgota, einen Steinwurf vom Morija-Berg, dem Tempelberg, entfernt, nach den Angstschreien das Schweigen der Lämmer. Dann stieß er seinen Todesschrei aus. Und schwieg.

Wenige Jahrzehnte später ließ Titus den Tempel, das Herz des Judentums, zerstören. Dem jüdischen Volk riss er das Herz heraus. Eine Kellermauer blieb übrig, die Klagemauer.

Ursprünglich stand in der innersten »Herzkammer« des Tempels hinter einem großen Vorhang die Bundeslade, das Allerheiligste des Judentums. Sie erfuhr größte Verehrung und Achtung, sie war so heilig, dass nur ein einzelner Mensch, der Hohepriester, auch nur einmal im Jahr vor sie treten durfte in ihrem abgeteilten Raum, festgebunden an ein Seil, sodass man ihn notfalls vor dem göttlichen Schauer und Furor schnellstens wieder herausziehen konnte. Übrigens: Der Hohepriester betrat das Allerheiligste durch eine östliche Tür – »*ex oriente lux*«. Dieser heilige Raum der Bundeslade wird in den katholischen Kirchen schon immer nachgebaut: der Tabernakel, in dem das heilige Brot, der Leib Christi, hinter einem kleinen Vorhang aufbewahrt und verehrt wird – traditionell immer im Osten einer Kirche aufgestellt.

Vermutlich wurde die Bundeslade bereits 586 v. Chr. bei der Eroberung Jerusalems und der Plünderung des Tempels durch die Neubabylonier verschleppt, höchstwahrscheinlich zerstört, jedenfalls bleibt sie allem archäologischen Suchen zum Trotz unauffindbar. Als der Tempel wieder aufgebaut wurde, blieb der Raum hinter dem Vorhang, wo im ersten Tempel die Bundeslade gestanden hatte, leer. Damit wurde er ein symbolischer Raum für das »Allerheiligste« und für Jahwe, den einen und einzigen Gott, der durch den zentralen Tempel und im Tempelkult verehrt wurde.

Den Tempel zu zerstören, also auch den Raum für das »Allerheiligste«, war der größte Triumph im großen und schrecklichen Triumph der Römer. Die im Tempel aufbewahrten heiligen Geräte, der goldene siebenarmige Leuchter, die Menora, die Silbertrompeten und der Schaubrottisch wurden nach Rom gebracht und von den Legionären im Triumphzug mitgeführt. Der steinerne Titusbogen auf der antiken Straße vom Forum Romanum zum Kapitol zeigt diese Szene in einem beeindruckenden Relief.

Jedes Mal, wenn ich in Rom bin, gehe ich zum Titusbogen, sehe mir das Relief darauf an und bin so fasziniert wie berührt. Es ist sozusagen ein in Stein gemeißeltes »*America first*«, nur ist hier »*Romam primum*« dargestellt und seine Beherrschung der Welt, oft durch Krieg und Zerstörung. Aber all die vielen Feldherren, die als Sieger einen Triumphzug erhielten, und die Kaiser, die auf diesem Weg zum Kapitol auch triumphierten, gottgleich erklärt wurden und sich als Götter gefühlt haben mögen, all die kennt kein Schwein mehr. Gaius Julius Caesar ist eher als lustige und zu belachende Asterix-Figur bekannt, bestimmt nicht als Gott. Augustus, nach seinem Tod zum Staatsgott erklärt mit einem eigenen Tempel und Priestern in Rom, wurde jedenfalls von dem in einem Stall bei Betlehem geborenen und in Jerusalem hingerichteten Mann aus Nazareth weit übertroffen. Und Titus, der Zerstörer Jerusalems und Vollender des Kolosseums? Nur schwer geprüfte Schülerinnen und Schüler im Leistungskurs Geschichte und einige Experten werden noch dies und das, vielleicht aber auch nur noch den Namen von ihm wissen. Bedenke, Mensch, dass du sterblich bist!

Das kleine Volk aus der Levante aber, widerständig, eigen, von Gott erwählt und mit ihm ringend, ewig verloren und ewig suchend, verfolgt und leidgeprüft in Jahrhunderten der

Diaspora und in der Schoa, hat seit 1948 Gott sei Dank wieder einen Staat in seinem früheren Territorium. In diesem Punkt vertrete ich eine unverrückbare Position: Das Existenzrecht Israels ist zu garantieren. Das gilt besonders für die Haltung und die Politik Deutschlands. Und dieses Recht darf, wie bei anderen Staaten, nicht relativiert werden durch eine eventuell kritische Sicht auf die jeweils aktuelle Politik der Regierung des Staates Israel. Schon gar nicht von uns Deutschen. Dieses alte Volk der Judäer hat etwas unschätzbar Kostbares in die Welt hineingetragen. Es bedeutet mehr als die Steine seines Tempels und auch viel mehr als seine heilige, verlorene Bundeslade. Es sind seine von alters her erzählten und überlieferten Geschichten: dass kein Gott Menschenopfer braucht. Dass diese Welt nicht durch Katastrophen und unheimliche Viren, nicht durch Massenmörder und Kriegsverbrecher in den Abgrund gerissen werden kann, denn sie ist, selbst nach ihrem Ende in einem schwarzen Loch, in Gott geborgen, von ihm gehalten, jeder Mensch ist von ihm gewollt und angenommen, beseelt, in einem ewigen Bund mit ihm. Jeder Tempel kann niedergerissen werden, jede reale Kirchenverfassung weggefegt – wesentlich ist die Bundeslade in uns, in unseren Herzkammern, denn in jede hat Gott seine Liebe eingegossen. Die erste Erzählung davon kommt von den Juden.

Für mich ist der fortlebende »Tempel« Jesus der Jude, Christus der Sohn Gottes. Während das Relief vom Triumphzug am Bogen des Titus sichtbar zerbröselt, hat das »Relief« Christi in der Welt Bestand und gewinnt in vielen Menschen immer neue Konturen. Das tröstet mehr als tausend behauene Steine.

Die Bibel sagt:

So werden die Erlösten des Herrn heimkehren
und nach Zion kommen mit Jauchzen,
ewige Freude wird über ihrem Haupte sein,
Wonne und Freude werden um sie sein,
Kummer und Seufzen entfliehen.
»Ich, ich bin euer Tröster!
Wie kannst du dich vor Menschen fürchten,
die doch sterben,
vor Menschenkindern, die wie Gras vergehen?
Ich habe meine Worte in deinen Mund gelegt
und dich unter dem Schatten
meiner Hände geborgen,
aufs Neue will ich den Himmel ausbreiten,
die Erde gründen und zu Zion sprechen:
›Du bist mein Volk!‹«

Jesaja 51,11–16

Zwischenstück: Trostbotschafter

Selbstverständlich wollte ich Priester werden. Für einen katholischen Jungen, der in den 50er-Jahren geboren wurde, gehörte sich das so. Also, *ich* wollte Priester werden – aber meine Hormone wollten nicht.

Das ist ein nicht mehr ganz frischer, schon bekannter Kalauer von mir, ich mag ihn und bringe ihn bei meinen Auftritten im Kabarettistischen gerne an. Natürlich ist er nur zum Teil wahr. Heute meine ich, genau den Beruf gefunden zu haben, der zu mir passt: Diakon. Er hat einen Platz auf der Altar-»Bühne«, weil er ein Kleriker ist, also Anteil hat am katholischen Amt. Er hat aber auch Platz auf anderen Bühnen der Welt, zum Beispiel da, wo die Büttenclowns auftreten, denn der Diakon gehört viel mehr als die Priester und die Bischöfe in die Funktionen und Räume der Welt, nicht nur der Kirche. Diakon mit Pappnase: Das passt!

Die Botschaft, die ich zu sagen habe, ist auf beiden Bühnen dieselbe. Auf der Kanzel und am Altar, hinter dem Ambo und in der Bütt steht derselbe Willibert und erzählt dasselbe. Nur jeweils anders verpackt. Der Pauels ist anders verpackt, entweder im Diakonengewand mit Stola oder als Bergischer Jung mit roter Nase. Und die Botschaft ist anders verpackt: Entweder passend in der Kirche, in der Heiligen Messe mit einer Gemeinde, bei einer Taufe mit jungen Eltern und frohen Großeltern, bei einer Hochzeit mit verliebten Paaren, ihren Familien und Freunden, am offenen Grab mit Trauernden. Oder passend in der Karnevalsbütt vor feiernden, lachenden, schunkelnden Narren, auf einer Kabarettbühne mit Menschen, die aus einem Alltag mit Arbeit, Stress und Sorgen kommen, einen Abend lang entspannen wollen und über andere, den Pauels und sich selbst herzhaft lachen. Überall: dieselbe Botschaft! Und in diesem Buch steht sie auch.

Nämlich diese Botschaft: Das innerste Wesen der Religion ist Trost. Wenn es eine gesunde Religiosität ist – denn es gibt auch die andere, die den Menschen das Leben schwermacht, ihnen schwere Lasten an Geboten und Gesetzen auferlegt, Angst macht, statt Trost spendet, droht, nicht tröstet, das Leben vermiest, statt es dankbar und froh anzunehmen. Es gibt auch eine kranke Religiosität, eine falsche, die gar nicht von Gott kommt, sondern von uns gut bekannten Wesenszügen im Menschen: Machtgier, Menschenfeindlichkeit, Wichtigtuerei, Hass. Das innerste Wesen der wahren Religiosität aber ist Trost. Sie überschreitet die Welt und umfängt uns. Und hält, was sie verspricht.

Den Priesterwunsch also habe ich mutig und voller Leidenschaft, wie es nur die Jugend kann, begonnen umzusetzen. Nach meinem Abitur trat ich zum Wintersemester 1973/74 in das Erzbischöfliche Collegium Albertinum zu Bonn am Rhein ein. Da beginnt die Priesterausbildung mit dem Theologiestudium an der Universität und einem gemeinsamen geistlichen Leben zur Entwicklung der Person und des Glaubens unter Anleitung und Aufsicht von Priestern im Kolleg. Wie die anderen war ich voller Ideale und religiöser Inbrunst. Nun, ich bereue nicht einen einzigen Tag, den ich auf diesem Weg gegangen bin. Auch wenn mich schon sehr bald Zögern und Zaudern begleiteten, ein Hin und Her und eine Unsicherheit, die mich damals in ihrem Griff hatte, die Ängste, die mich beherrschten ... Es dauerte lange, bis ich entschieden habe: Ich werde nicht Priester. Aber es war überhaupt keine verlorene Zeit im Albertinum in Bonn, und zwar aus einem einzigen Grund: wegen der Menschen, die ich da kennenlernen durfte.

Zunächst eine der wichtigsten Personen meines Lebens, Gott hab ihn selig, Monsignore Wolfgang Kraft. Er war der Spiritual des Kollegs, das heißt, er begleitete die Studenten in ihrem religiösen, geistlichen Leben, und er wurde mein Beichtvater. Seit er gestorben ist, habe ich keinen Beichtvater mehr. Und er war, mit anderen, der Heiler meiner oft kranken Seele. Geheilt hat er mit Zuhören und dann vor allem mit Worten, die er in meine Seele gesenkt hat. Nicht zuletzt wegen ihm bin ich an meinen inneren Ängsten, meinen seelischen Verwundungen, meiner Depression nicht zugrunde gegangen.

Unter den Studenten im Albertinum hatte und habe ich gute Freunde, zum Teil haben sie den Weg wie ich beendet und andere Berufe ergriffen, zum anderen Teil sind sie Priester und, soweit ich das übersehen kann, gute Priester geworden, ohne sich in Zwängen verfangen zu haben.

Es gibt eine Geschichte über den heiligen Franziskus, die dies deutlich macht: Ein Mitbruder des Franziskus in seinem neuen, noch jungen und seinen Platz suchenden Orden, kommt zu ihm voller Gewissensbisse und Schuldgefühle, regelrecht angekrochen kam er mit hängenden Schultern und traurigem Gesicht. Franz war erschrocken: Bruder, was ist mit dir, warum siehst du so unglücklich aus? Und der Bruder sagte: Franz, mit ganzer Leidenschaft bin ich in die Schar deiner Gemeinschaft eingetreten, ich wollte wirklich vom ganzen Herzen Bruder sein, aber jetzt: Ich habe mich verliebt, und ich kann diese Liebe nicht unterdrücken, und ich weiß nicht, was ich tun kann und soll! Franziskus nahm ihn in die Arme, schaute ihn strahlend an und sagte: Aber Bruder, deshalb musst du doch nicht unglücklich sein, sondern glücklich! Freue dich, dass der Herr dir einen Weg gezeigt hat, auf dem du ihm nahe sein kannst, weil du auch dir selbst näher bist, denn nur wer sich selbst nahe sein kann, kann auch Gott nahe sein. Wenn er dir also jetzt einen anderen Weg zeigt, dann freue dich darüber, dass du diesen Weg gehen kannst! Vergiss nie, mein Bruder: Das innerste Wesen der Liebe, auch der Liebe zu Gott, ist die Freiheit.

Leider habe ich im Laufe der Jahre nicht nur viele gute, sondern auch recht viele traurige Priester kennengelernt, bei denen ich feststellen musste, dass sie aus falscher Treue einen Weg weitergehen, indem sie sich an den Stand des Priestertums klammern und darüber unglücklich werden. Die Freiheit eines Christenmenschen, die Liebe zu Gott, den Nächsten und sich selbst lässt es zu, sich für andere Wege zu entscheiden. Wie der Wert der Treue am besten gelebt werden kann, muss jeweils herausgefunden werden. Er bedeutet keineswegs immer, ein Leben lang einfach das weiterzumachen, was man in jungen Jahren mal als Idee hatte. Natürlich: Niemand soll andere, Gott und sich selbst im Stich lassen. Das jeweils herauszufinden, am besten im Gespräch mit anderen wie ich mit dem Spiritual und wie der traurige Bruder mit dem heiligen Franz, ist eben der Auftrag der Freiheit, die Gott uns geschenkt hat.

Allerdings und Gott sei Dank habe ich auch viele Priester kennengelernt, die in ihrem Beruf ganz nah bei sich selber und glücklich waren – natürlich mit allen Beschränkungen und Schatten, die jeder Mensch an sich erfährt. Ein glücklicher Priester ist mein Freund Heiner Koch. Wir lernten uns im Bonner Albertinum kennen. Mir fiel damals schon auf, dass er sehr talentiert war, was Disziplin und Organisation bei sich selbst und in Aufgabenfeldern betraf, und sich gleichzeitig eine innere, einfache, kindliche, aber nicht kindische Frömmigkeit bewahrte. Heiner ist Priester geworden und jetzt ist er Erzbischof in Berlin. Als er perfekt den Weltjugendtag 2005 in Köln organisiert hatte, sprach sich das auch in Rom herum und er wurde Bischof, zunächst in Dresden, dann, noch einmal befördert, als Erzbischof der Hauptstadt. Heiner ist das Gegenteil eines abgehobenen Kirchenfürsten. Er hat durchaus die Aura eines Bischofs, gleichzeitig die eines Dorfpastors. In seinem Buch *Zu Gott ums Eck* hat er über die nicht einfache Situation eines Priesters und Bischofs in der Diaspora und in einer Metropole, die sich mit falschem Stolz die atheistischste Stadt Deutschlands nennt, geschrieben, was mich sehr berührt hat. Ich möchte daraus eine Passage zitieren, denn sie macht deutlich, dass auch Heiner Koch die Überzeugung lebt, dass das innerste Wesen der Religion Trost ist:

Bei einer Podiumsdiskussion lernte ich eines Tages einen Philosophieprofessor kennen. Er ordnete sich selbst als Atheisten ein. Im Gespräch beim anschließenden Empfang erzählte er mir vom unheilbaren Leid seiner Frau. Es ergab sich, dass ich dem Paar zufällig einige Tage später auf der Straße begegnete. *(Erinnern Sie sich an die Geschichte über Elke Heidenreich und ihr Buch* Alles kein Zufall? *Eben! W. P.)* Die Frau war furchtbar von ihrer Krankheit gezeichnet. Wir nahmen uns die Zeit für einen Kaffee miteinander. Ich hörte den Eheleuten zu. Sie erzählten mir ihre Geschichte des Miteinander-Seins im Leid, und sie erzählten auch vom bevorstehenden Tod.

Mit welch einer Offenheit sprach diese Frau über ihren kurz bevorstehenden Tod! Die Ernsthaftigkeit ihrer Überlegungen zur Sterblichkeit des Menschen, ihr Nachfragen nach unserer christlichen Sicht des Todes und des menschlichen Lebens haben mich nachhaltig beeindruckt. Sie war sehr aufmerksam, hakte bei meinen Ausführungen immer wieder nach und am Ende hatte ich den Eindruck, dass sie die innere Logik des christlichen Glaubens an die Auferstehung durchaus nachvollzog.

Ich war von dem Schicksal der Frau und des Paares sehr erschüttert. »Es ist furchtbar«, sagte ich ihnen bei der Verabschiedung. »Aber ich gebe die Hoffnung meines Glaubens nicht auf, dass das Leid und der Tod nicht das Letzte sind, was Sie gemeinsam erleben werden, auch wenn ich Ihr Leid nicht erklären kann. Seien Sie sicher, ich werde für Sie beten.« Die Frau lächelte, als ich das sagte. Wenige Tage später erhielt ich ihre Todesanzeige.

Ich schrieb ihrem Mann einen Beileidsbrief und hatte das Gefühl, nur ohnmächtige Worte zu finden. Was schreibt man einem Menschen, der leidvoll seine Liebe an den Tod verloren hat und nicht an ein Jenseits glaubt? Wie findet man Worte des Trostes, wenn der andere die Hoffnung auf ein Wiedersehen in einer anderen Welt ohne Leid nicht teilt?

Drei Tage später traf ich den Philosophieprofessor wieder. Er bedankte sich für meine Zeilen. »Kommen Sie zur Beerdigung meiner Frau?«, fragte er mich plötzlich. Ich war völlig überrascht. »Sonst ist bei der Beerdigung keiner auf dem Friedhof mit Ihrer Hoffnung«, ergänzte er. Ich war betroffen von dieser Erwartung. Eigentlich war ich terminlich so gebunden, dass ich zu dieser Beerdigung nicht hätte gehen können. Manchmal aber eröffnet Gott uns Momente, in denen wir nicht fehlen dürfen, Momente, die nie wieder kommen. Diese Beerdigung war ein solcher Moment.

Ich ging zur Trauerfeier und setzte mich in einer der hinteren Stuhlreihen in der Kapelle. Selten habe ich so dicht wie in dieser Abschiedsfeier gespürt, was es bedeutet, ohne Hoffnung auf ein ewiges Leben sterben zu müssen. Was es bedeutet, einen Menschen zu Grabe zu tragen, ohne die Hoffnung auf ein Wiedersehen. Als der Sarg herausgetragen wurde, erblickte mich der Mann der Verstorbenen. Er sah mich an, lächelte und nickte mir zu. Ich spürte seine Dankbarkeit, als ich ihm am Grab ohne Worte die Hand reichte und er meine Hand lange festhielt.

Eine weitere Passage aus Heiner Kochs Buch:

Das habe ich ganz intensiv gespürt nach dem Berliner Terroranschlag am 19. Dezember 2016, bei dem der Attentäter mit einem LKW abends in den Weihnachtsmarkt auf dem Breitscheidplatz fuhr. Zwölf Menschen starben, 55 wurden verletzt. Nicht einmal 24 Stunden später fand in der benachbarten Kaiser-Wilhelm-Gedächtniskirche ein Gedenkgottesdienst mit Spitzenpolitikern für die Opfer statt, an dem auch ich mitwirkte.

Neben mir stand eine Politikerin, die sich in Gesprächen mit mir einmal als Agnostikerin, ein anderes Mal als Atheistin öffentlich bekannt hatte. Am Ende des Gottesdienstes beteten die Versammelten das »Vater unser«. Ich musste stutzen, als meine Nachbarin das Gebet mitsprach. Sie bemerkte meine Überraschung: »Ich kenne den Text«, sagte sie leise ohne aufzuschauen. Am Ende des »Vater unser« ergriff sie meinen Unterarm und sagte: »Ich kann ihn sogar mitbeten.« Ich schaute sie mit einem kleinen Lächeln an. Sie hatte Tränen in den Augen.

Es war eine sehr emotionale, bewegende Andacht, zumal so kurz vor Weihnachten. Wie findet man Worte des Trostes in so einer Situation? Wie kann ich die christliche Hoffnung so formulieren, dass auch nicht- oder andersgläubige Menschen daraus Tröstung und Kraft ziehen können? Ich sagte damals dies:

»Es war Nacht. Gestern Nacht hier in Berlin. Die Nacht des Terrors, der Angst, des Sterbens, der Verzweiflung, der Ohnmacht, der Wut. Es war Nacht. Es ist Nacht. In Aleppo und an so vielen Orten dieser Welt. Nacht der Ohnmacht, des Todes, des Hungers. Nacht, in der ich nicht weiterweiß. Es war Nacht. Damals in Betlehem. Als mitten in der Nacht Gott Mensch wurde: Jesus. Ein Mensch der Nacht. Eine Nummer. Ohne Platz in der Stadt und bald schon auf der Flucht. Ein Gott, der in der Nacht Mensch wurde.

Aber weil ER, Gott, mitten in der Nacht Mensch wurde und all denen in der Nacht sagte, ich lass euch nie allein – im Leben nicht und nicht im Tod – deshalb stand über der Nacht ein Stern am Himmel. Ein Stern mit der kleinen Hoffnung mitten in der bleibenden Nacht, dass die Mitte der Nacht doch wieder der Anfang des Tages ist. Ein Stern, der den Weg weist, miteinander weiterzugehen, nicht auszugrenzen, nicht abzusetzen. Miteinander gingen sie aus fernen Ländern mit ihren Lebenserfahrungen zum Kind in der Krippe.

Wir bleiben in der Nacht auf dem Weg. Und lassen einander nicht los. So wurde aus dem Stern ein Stern des Segens mitten in der Nacht. So wurde Weihnacht mitten in der Nacht. Damals in Betlehem und hoffentlich und sicher auch in Berlin. Damals und heute. Mitten in der Nacht.«[*]

Heiner Koch ist einer, der ganz nah bei den Menschen und damit auch ganz nah bei mir ist.

---

[*] Heiner Koch, Zu Gott ums Eck. © 2019, Gütersloher Verlagshaus, Gütersloh, in der Penguin Random House Verlagsgruppe GmbH

Wie der alte Michelangelo vor einer jungen Frau Tränen vergoss

Bevor diese Geschichte Fahrt aufnimmt, bevor es richtig interessant und, so meine ich, trostreich wird, möchte ich etwas in Erinnerung rufen:

Seit dem Beginn christlicher Kunst gibt es verschiedene Darstellungen von Maria, der Mutter Jesu, der Mutter Gottes: Von der jungen Frau, die die Botschaft des Engels erhält und ihr Ja sagt, über die Mutter der Weihnachtsnacht bis zur älteren Frau unter dem Kreuz und schließlich mit dem toten Sohn auf dem Schoß, die Pietà. Letztere gibt es als sogenanntes Vesperbild in vielen Kirchen und Klöstern und ist ein frühes Zeugnis der Marienverehrung mit einer Szene, die so nicht in den Evangelien steht, die aber jeden Menschen, der auch nur ein wenig Empathie für das Geschehen auf Golgota und für den Schmerz einer Frau teilt, die den Tod ihres Kindes erlebt, anrühren muss. Diese Szene ernst zu nehmen, dafür braucht es keinen biblischen oder historischen Beleg, dafür braucht es nur ein wenig Menschlichkeit.

Zu den beiden Polen – am Anfang Empfängnis und Geburt, am Ende Kreuzigung und Auferstehung –, an denen Maria mit dem Leben ihres Sohnes eng verbunden ist und die deshalb in der Kunst eine wesentliche Rolle spielen, kommen im Laufe der Zeit zahlreiche weitere Marienmotive:

Maria mit ihrer Mutter Anna, bei ihrer Verwandten Elisabeth, bei der Ankunft der Magier aus dem Morgenland, auf der Flucht nach Ägypten, bei der Darstellung des Sohnes im Tempel, bei der Hochzeit zu Kana ... Dann gibt es noch zahllose Ikonen der orthodoxen Kirchen und die symbolischen Bilder meist katholischer Glaubensaussagen über Maria: die *Immaculata*, die Mondsichelmadonna – ein Motiv aus der Offenbarung des Johannes –, die Aufnahme Mariens in den Himmel, ihre Krönung zur Himmelskönigin. Selbstverständlich und am allermeisten: die junge Mutter mit dem Kind auf dem Arm. Und die Liste ist nicht vollständig! Jedes dieser Motive gibt es tausendfach, daneben aber auch einzigartige wie zum Beispiel »Maria Knotenlöserin« in Augsburg. In den einander ablösenden Stilepochen haben die besten und auch die anderen Künstler ihrer Zeit durch die Jahrhunderte in ihrer je eigenen Perfektion die Darstellungen geschaffen für jeden Dom, jede Kirche und Kapelle, für Paläste und Hütten, sie sind in den großen und kleinen Museen der Welt zu finden und als Bauernmalerei und -schnitzerei in den abgelegenen Dörfern. Was davon am bedeutendsten ist, möchte ich gar nicht beurteilen.

Immer, oder fast immer, haben sich die großen und die kleineren Künstler in ihren Darstellungen an das Zeugnis des Neuen Testaments, an die Lehre der Kirche über Maria und auch, wie beim Vesperbild der Pietà, an die verbreitete fromme Überlieferung gehalten. Erst spät, 1926, hat Max Ernst ein Bild gemalt, das der Kirche so richtig gegen den von ihr gewünschten Pinselstrich ging: *Die Jungfrau züchtigt das Jesuskind vor drei Zeugen: André Breton, Paul Éluard und dem Maler*. Es zeigt im Stil des Surrealismus, wie die Mutter Jesu dem Kleinen den blanken Allerwertesten versohlt, sein kleiner Heiligenschein kullert auf den Boden. Das Bild hängt heute im Museum Ludwig in Köln, also ein paar Meter neben dem Dom. Natürlich empörte das Bild damals (und wahrscheinlich auch heute noch) klerikale Kreise, zuerst bei einer Ausstellung in Paris, dann in Köln, weil sie sich in ihrem religiösen Empfinden verletzt fühlten. Der Kölner Erzbischof forderte, das Exponat aus einer Ausstellung in der Stadt zu entfernen. Übrigens haben meine Freunde Jürgen Becker und Martin Stankowski anhand dieses Bildes in ihrem Kabarettstück *Plädoyer für die Wiedereinführung der Prügelstrafe* zwar auch lustige, aber sehr ernst zu nehmende Gedanken zu Gewalt und Missbrauch in der Kirche und Gewalt gegen Kinder überhaupt geäußert. Das Bild hat also, egal wie man es sonst finden mag, zumindest da einen guten Sinn gehabt: für die Würde und den Schutz der Kinder. Dagegen haben auch die Gottesmutter und ihr Sohn absolut nichts einzuwenden!

Aber, und jetzt nähern wir uns endlich der zu erzählenden Geschichte, das Bild von Max Ernst war nicht der erste Skandal in der reichen und überwiegend braven Kunstgeschichte zu Maria. Es gab schon viel früher einen, heftig und konfliktreich. Aufregend ist die Darstellung bis heute:

Der junge Michelangelo Buonarroti, geboren in dem toskanischen Dorf Caprese und in aller Welt bekannt durch seine Werke der Hochrenaissance, kam im Juni 1496 von Florenz zum ersten Mal nach Rom. Da war er gerade mal 21 Jahre alt, und trotzdem eilte ihm in der Szene der Kunstmäzene und Kirchenoberen der Ewigen Stadt bereits ein Ruf voraus. In Florenz hatte er für ein Mitglied der Medici-Familie eine Statue des jungen Johannes des Täufers nach griechischem Vorbild geschaffen. Der Auftraggeber selbst schlug dem Künstler vor, die Skulptur wie ein antikes Stück zu patinieren und dann auch als solches, also »echt alt«, zu verkaufen. Michelangelo machte mit. Und der kleine Johannes aus Marmor wurde als antike Statue sehr teuer an einen römischen Kardinal und Kunstsammler verkauft. Der Schwindel flog auf, der Medici musste die Kaufsumme zurückzahlen, aber der Künstler erntete Bewunderung. So beginnt eine große Karriere!

Für den fast betrogenen Kardinal machte Michelangelo in Rom gleich noch eine Skulptur, einen »antiken« Bacchus. Und, als paradoxes Gegenstück zu diesem Auftrag über den griechisch-römischen Gott des Weines und des Rausches, den er als Betrunkenen darstellte, erhielt der Toskaner von einem weiteren kunstsinnigen – und reichen – Kardinal den Auftrag, eine Pietà zu schaffen.

Die steht heute, weltberühmt, nahe beim Eingang in der ersten Seitenkapelle im rechten Seitenschiff der päpstlichen Peterskirche in Rom. Wie ein Magnet die Eisenspäne zieht sie die Touristen und Beter aus aller Welt und jedem Kulturkreis an. Alle Besucher können sie Gott sei Dank betrachten, ohne Eintrittsgeld zu bezahlen. Und ich bin überzeugt, auf sehr viele Betrachter wirkt diese Darstellung von Mutter und totem Sohn betörend und verstörend, traurig anrührend und in ihrer nahezu unerreichten Schönheit ebenso faszinierend.

Aber als damals der junge Künstler sein Werk übergab und die Kirchenfürsten und Kunstsammler es sahen, gab es einen Aufruhr. Eine Pietà, da waren sie ganz sicher, zeigt den erwachsenen, verstorbenen Sohn im Schoß seiner entsprechend viel älteren Mutter. Und diese Frau leidet, ihr sind Schwerter des Schmerzes durch das Herz gedrungen, sie betrachtet ihren eigenen, grausam hingerichteten Sohn ein letztes Mal: Also steht ihr wie ihm das Leiden ins Gesicht geschrieben, in den Körper eingefressen, eine untröstliche Traurigkeit der Seele spiegelt sich in einer unendlich traurigen Darstellung. So war es schon immer, bei allen Vesperdarstellungen einer

damals schon weit über 1000-jährigen christlichen Kunstgeschichte. Es konnte und kann gar keinen Grund geben, daran
etwas zu ändern. Darum – um Tod, Trauer, Traurigkeit – geht
es doch bei diesem Motiv!

Allerdings, darum geht es. Und die traurige Darstellung
einer alten oder älteren Frau mit ihrem erwachsenen toten
Sohn auf dem Schoß hat ihren tiefen Sinn. Und doch: Es geht
nicht um irgendeinen Tod und irgendeine Trauer. Sondern
mit diesen um ein christliches Motiv. Der junge Mann Michelangelo hat beides begriffen: den Tod und die Trauer einer Mutter und aller Trauernden einerseits, andererseits den
christlichen Trost. Und beides hat er in einer einzigen Skulptur vereint.

Dem toten Jesus, vom Kreuz abgenommen, hat Buonarroti einen makellosen Körper verliehen: alle Muskeln, Sehnen,
Blutgefäße und sonstigen anatomischen Merkmale sind prä-
zise und perfekt herausgearbeitet. Der nur mit einem Lein-
tuch bekleidete Leichnam, der doch gerade einen schlimmen,
gewaltsamen Foltertod gestorben ist, gleicht nahezu dem
trainierten, gesunden Körper eines erfolgreichen Sportlers.
Aber das war der gekreuzigte Jesus nicht. »Er hatte keine
erhabene Gestalt, keine Hoheit und keine Schönheit«, heißt
es in einem der Gottesknechtslieder des Jesaja, das in der Liturgie des Karfreitags vorgelesen wird (Jesaja 53,2), und rein
historisch-faktisch gedacht kann der tote Jesus auch nicht von
einer solchen Schönheit gewesen sein. Vielleicht wäre diese
Darstellung des Michelangelo noch hinzunehmen gewesen:
Schönheit als irdischer Ausdruck der Göttlichkeit Jesu Christi, das gab es bereits vorher in der Kunst und wurde verstanden. Aber bei der Mutter des Herrn hörte es auf!

Keine ältere Frau! Keine Schwerter durchs Herz! Kein
Leiden im Gesicht. Kein gramgebeugter alter Körper. Ein-

fach: keine Mutter, keine *Mater dolorosa*! Keine Tränen, keine Trauer, keine Klage! Sondern: eine junge Frau! Wunderschön! Anmutig! Ein reines, junges, entspanntes Gesicht! Ein üppiges Gewand! Eine Leichtigkeit in Haltung und Ausdruck der Frau, die doch physisch und psychisch eine viel zu schwere Last tragen musste!

Skandal! Wie konnte dieser jetzt erst 24-jährige, unbestreitbar begabte, doch zu junge toskanische Schnösel es wagen! Die Mutter des Herrn gibt sich ihrem Schmerz hin! So gehört sich das! Und in dieser Pietà aus poliertem Carrara-Marmor ist die Mutter jünger als der Sohn, unmöglich! Das verstand keiner, und es wollte zunächst auch keiner verstehen.

In einer Nacht- und Nebelaktion schlich Michelangelo sich zu seinem Kunstwerk hin und schlug, wie ein trotziges Kind, in den Sockel des Kunstwerkes den Schriftzug »Das hat Michelangelo gemacht«. So ist es sein einziges Werk mit seiner Signatur. Sicher weil es ihm so wichtig war. Aber auch und vor allem aus Protest gegen die Kritiker und Lästerer, die es öffentlich madig machten, die weder die Kunst noch den Glaubensgehalt der Pietà erkennen wollten, sondern nur den Skandal. Dabei weiß der Mensch, seitdem das Bewusstsein in ihm erwacht war, dass der eigentliche Skandal der seiner Endlichkeit und des Todes ist.

Dies wusste auch Michelangelo. Der Skandal des Todes ist so alt wie die Menschheit, und trotz seiner Jugend kannte der Toskaner den Tod. Zu seiner Zeit starben die Menschen oft jung, auch als Kinder, allen war der Tod ansichtig und jeden konnte er in jedem Alter holen. Michelangelo hatte zudem anatomische Studien betrieben bei der Sektion von Leichen. Daher auch diese bis dahin unerreichte Körperdarstellung des Christus in Marmor. Michelangelo und der Tod waren einander sehr vertraut.

Der Mensch ist das Wesen, das über seinen eigenen Tod nachdenken kann. Im Wissen über die eigene Endlichkeit steckt die Urangst aller Ängste: Ich weiß, dass der Tod mich verschlingen wird wie alle, der Dämon des Todes wird mich holen, und in dieser schrecklichen Gewissheit bedrängt ihn die Frage: Welchen Sinn soll denn das Leben haben, wenn nur eins sicher ist: das Ende, der Tod? Ist Leben nicht ein Zufall, der kurz dauert, in mir kleinem Lebewesen gegenüber einem gleichgültigen Universum, das ohne jeglichen Sinn in Myriaden von Sternenhaufen vor sich hin rollt? Bin ich darin ein unbedeutendes Staubkorn, das in dem lächerlich kurzen Zeitraum meines Lebens, in einer biochemischen Reaktion kurz aufleuchtet und dann auf dem kosmischen Abfallhaufen des Nichts verrottet? Diese Angst hat jede und jeder in sich, und wenn ein bisher unbekanntes Virus pandemisch auftaucht, versetzt uns diese Angst in die Panik, einzeln und massenhaft dem Tod ausgeliefert zu sein. Für dieses Urteil des Todes über jede und jeden steht in unserer Religion auch das Bild des toten Christus im Schoß seiner Mutter: eine unendliche Traurigkeit.

Wie er es geschafft hat, weiß ich nicht. Aber Michelangelo ist es gelungen, das Paradoxon des Todes und des geretteten Lebens, Trauer und Trost in einem Antlitz zu verbinden.

Unbezweifelbar ist der Sohn auf dem Schoß der Mutter ein Leichnam. Unbezweifelbar ist die Mutter in tiefer Trauer. Das ist zu sehen, auch wenn keine Tränen, keine Schmerzen bei der Mutter, keine Foltermale am Sohn zu sehen sind. Die Skulpturengruppe zeigt sehr wohl Trauer und Traurigkeit! Unbezweifelbar aber schaut die Mutter, diese hinreißend schöne junge Frau, getröstet, voller Hoffnung, auch voller lebendiger Liebe auf ihren Sohn. Sie ist leidend *und* erlöst, traurig *und* getröstet. Sie erfährt den schlimmsten Schmerz aller Mütter und empfindet gleichzeitig große Zuversicht. Es braucht, um das zu sehen, weder die Darstellung marmorner Tränen noch ein breites Lachen im Gesicht. Weder ist in der Pietà der reale Schmerz geleugnet noch die reale Hoffnung ausgeblendet. Beides ist da – in einem.

Ein Symbol für alle denkenden und nachdenklichen Menschen. Der Mensch, der weiß, dass er sterben wird, sieht dieses Symbol und sieht, dass das Leben im Tod verzweifelt und der Glaube zweifelnd ist, zugleich sieht er, dass das Leben aus dem Tod erlöst und der Glaube hoffend und tröstend ist. Trauer und Freude – in einem Antlitz das völlig Verschiedene, das Paradoxe vereint. Der Tod ist das schlimme Ende. Aber ist doch nicht das Ende.

Ich trage die Angst aller Menschen auch in mir, ebenso aber die Hoffnung aller religiösen Menschen, dass der Tod nicht das letzte Wort hat. Die Pietà zeigt mir, dass die Mutter und ihr Sohn in der unstillbaren Sehnsucht nach Leben und in der österlichen Hoffnung darauf sich wieder begegnen werden, als Lebende. Michelangelo konnte dieses Bild nur schaffen, weil er selbst mit dem Tod vertraut und zugleich von dieser Hoffnung erfüllt war. Er war bis an sein Lebensende tief religiös, aus seinem Glauben heraus konnte der »junge Schnösel« ein Kunstwerk schaffen für die Ewigkeit. Längst ist der Skandal der allgemeinen Bewunderung und dem hoffnungsvollen Sehen gewichen. Und das wird wohl so bleiben, bis unsere Erde und damit auch die Pietà im Strudel eines schwarzen Lochs verschwindet.

Der Diener Buonarrotis, der ihn im Alter pflegte und begleitete, schrieb folgendes Erlebnis mit seinem Meister auf. Michelangelo ist – für die damalige Zeit – steinalt wie ein Methusalem geworden, er erreichte 89 Lebensjahre. Im schon gebrechlichen Alter musste der Diener ihn immer wieder an die Hand nehmen und zu den von ihm geschaffenen Skulpturen führen, die in der Stadt Rom verteilt standen, um sie zu betrachten. Als er sie erblindet nicht mehr sehen konnte, betrachtete er sie mit seinen Händen tastend und sah sie so vor seinem inneren Auge. Am liebsten, so schreibt sein Diener, war ihm die Pietà aus Jugendjahren. Was hat der Greis gedacht, wenn seine Hände die Skulptur erfühlten? Ich stelle mir vor: Mensch, Michelangelo, was warst du jung, als du das erschaffen hast, und es ist wunderschön geworden! Der Diener überliefert, dass dem alten Meister dabei einmal die Tränen die Wangen herunterliefen, und da habe er, sein Diener, zu ihm gesagt: »Ja, Meister, ich kann verstehen und nachvollziehen, wie schwer es ist, alt und gebrechlich zu sein, und – verzeiht mir, Meister – den Tod schon zu spüren; das muss einen Menschen ja bis auf den innersten Grund in Trauer stürzen.« Darauf habe Michelangelo Buonarroti ihm geantwortet: »Aber mein Freund, das sind doch nicht Tränen der Trauer, das sind Tränen der Freude.«

Es gibt einen Satz in einem Gedicht von Michelangelo, der recht häufig in Todesanzeigen zitiert wird:

Ich bin nicht tot,
ich tauschte nur die Räume.

Die vatikanische Pietà zeigt, wieso er das sagen konnte.

Die Bibel sagt:

Und Maria sang ihr Lied:
»Meine Seele preist Gott, meinen Herrn,
mein Geist ist glücklich über den Gott,
der mir hilft.
Denn mein Gott hat mich erhoben
aus meiner Niedrigkeit.
Glücklich werden mich preisen
alle meine Kindeskinder.
Er hat Großes an mir getan,
der mächtige, der heilige Gott.
Von Generation zu Generation
waltet seine Barmherzigkeit
über denen, die ihn ehren.
Gewaltiges wirkt er;
die Übermütigen zerstreut er wie Sand.
Mächtige holt er vom Thron,
Niedrige richtet er auf.
Hungrige sättigt er mit guter Nahrung,
Reiche treibt er mit leeren Händen davon.
Er nimmt sich Israels an, seines Dieners,
und bewahrt ihm seine Barmherzigkeit.
Unseren Vätern hat er es zugesagt,
und in Ewigkeit gilt es Abrahams Volk.«

Lukas 1,46–55

Nachwort:
Ins Licht!

Das ist der Grund allen Trostes: Die Seele eines Menschen bleibt nach dem Tod in Ewigkeit bei Gott im Himmel geborgen.

Wenn mein Freund, der liebenswerte Filou Jürgen Becker, die Wörter »Ewigkeit« und »Himmel« und was damit zusammenhängt hört, dann fragt er jeden Theologen, der sie in den Mund nimmt, also auch mich: »Glaubst du wirklich, dass Jesus damals in den Himmel aufgefahren ist?« Und er mag es gar nicht, wenn ihm so windelweich und ausweichend geantwortet wird wie: »Ja, das muss man symbolisch verstehen, nicht wörtlich.« Dann merkt der Jürgen nämlich, dass dieser Glaubende seinem eigenen Glauben nicht traut, und ist enttäuscht. Fast war er erleichtert, als ich ihm wie ein scheinbar naives Kind antwortete: »Natürlich glaube ich, dass Jesus nach seiner Auferstehung in den Himmel aufgefahren ist. Und ich, meine Seele, komme auch dahin. Jesus wartet in der Ewigkeit des Himmels auf mich. Und sogar auf dich, Jürgen!«

Damit hatte er mich natürlich am Wickel. »Willibert«, sagte er, »nehmen wir mal an, Jesus wäre damals quasi mit Lichtgeschwindigkeit in den Himmel aufgefahren. Dann wäre er jetzt, nach 2000 Jahren, gerade mal auf der Höhe des Sirius« (dem Doppelstern im Sternbild Großer Hund). Klar, Jürgen will damit sagen: Da ist noch immer kein Himmel, sondern immer noch Kosmos. Und dann fährt er fort: »Überhaupt:

Ewigkeit. Himmel. Wie soll ich mir das vorstellen? Für immer und ohne Ende? Also die ersten 25.000 Jahre wären ja vielleicht noch erträglich. Aber dann geht dir diese Ewigkeit dermaßen auf den Sack! Mer will doch auch mal int Bett!«

»Tja«, antwortete ich und konnte mir ein Schmunzeln nicht verkneifen. »Wieder einmal bist du einer Meinung mit deinem großen Vorbild Joseph Ratzinger. Er hat schon als Professor geschrieben: Die Vorstellung von Ewigkeit als eine endlose Zeit wäre nicht der Himmel, sondern die Hölle. Ewigkeit bedeutet eben nicht endlose Zeit, sondern die Aufhebung der Zeit.«

»Ja, nä, is klar«, antwortete Jürgen, »klingt toll, ist aber wissenschaftlich Quatsch.« Plausibel, will er damit sagen, plausibel, logisch, dem vernünftigen Menschen einleuchtend ist so eine Rede nicht. Zunächst konnte ich ihm darauf nur emotional antworten, nämlich mit dem schönen Satz von Drewermann: Der plausibelste Grund zu glauben, dass es Wasser wirklich gibt, ist der Durst.

Wie überrascht und erleichtert war ich deshalb, als ich vor einiger Zeit ein Buch in die Hände bekam, nämlich von einem ausgewiesenen Naturwissenschaftler, dem Professor für Physik Markolf H. Niemz, mit dem Titel *Bin ich, wenn ich nicht mehr bin?* (Herder, Freiburg 2013). Niemz sagt, dass es in wissenschaftlicher Sicht die Ewigkeit durchaus gibt, und zwar ganz real. Diese Ewigkeit ist sehr viel plausibler als ihre Nichtexistenz. Er erklärt das anschaulich, und sogar ich, der in Physik niemals über eine 4- herauskam, habe seine Erläuterungen der Relativitätstheorie und Quantenphysik und alles Weitere verstanden. In Kurzform:

Der erste Schritt: Die zentrale Aussage der Relativitätstheorie, erweitert und bestätigt durch die Quantenphysik, ergründet das Verhältnis von Zeit und »Ewigkeit«. Niemz referiert dazu Albert Einsteins Beispiel vom Zwillingsparadoxon. Also Zwillinge werden geboren; der eine bleibt auf der Erde, der andere fliegt mit nahezu Lichtgeschwindigkeit in einer Rakete in den Weltraum. Nach 100 Erdenjahren kehrt der Weltraumzwilling zurück, begegnet seinem Bruder, der, falls er noch lebt, eben 100 Jahre alt ist. Er selbst aber, weil er mit fast Lichtgeschwindigkeit reiste, ist gerade mal eine Minute alt. Zeit ist relativ – Einsteins berühmte Erkenntnis. Niemz nimmt die mittlerweile verifizierte Theorie auf und sagt: Aus der Perspektive des Lichts sind alle Zeitabstände gleich null. Das heißt: Aus der Erdperspektive besteht das Universum seit ungefähr sieben Milliarden Jahren. Aus der Perspektive des Lichts entsteht das gesamte Universum also – jetzt. Mit anderen Worten: Im Licht ist immer Gegenwart. Also Ewigkeit. Also Aufhebung der Zeit, kein Quatsch, sondern physikalische Realität. Wir Menschen erleben, als Materie und mit aller Materie, ablaufende Zeit und können, solange wir Materie sind, nicht aus ihr heraustreten. Wir wissen heute aber, dass diese Zeiterfahrung nicht alles ist und dass »Zeit«, wie wir sie erfahren, nicht allem Seienden immanent ist: Im Licht ist Zeit zeitlos.

Im zweiten Schritt bezieht Niemz sich auf unzählige Male belegte menschliche Nahtoderfahrungen. Vorweg: Gegen diese übereinstimmenden und seriös dokumentierten Zeugnisse werden Einwände erhoben – das seien Halluzinationen, Neuronen-Tsunamis im Hirn, Phänomene wie in einem Drogenrausch usw. Keiner dieser Einwände ist stichfest ein Gegenbeweis gegen die von Menschen übereinstimmend geschilderten Erfahrungen, keiner falsifiziert die dokumentierten Nahtoderlebnisse. Und solange dies nicht geschieht, lautet der Grundsatz: Das Phänomen der Nahtoderfahrungen als solches ist ernst zu nehmen.

Was für unser Thema der Ewigkeit relevant ist: Menschen mit einer Nahtoderfahrung, das ergibt die vergleichende Analyse ihrer Berichte, durchleben darin in einer übereinstimmenden Folge verschiedene Phasen. Ob nur eine oder zwei dieser Phasen erlebt werden oder die Erfahrung bis zur fünften und letzten dokumentierten Phase reicht, hängt von der Dauer des Zustands in Todesnähe ab, also davon, wann die medizinische Wiederbelebung den Patienten zurückholt. Zunächst, in Phase 1, erleben diese Menschen Gefühle der Schmerzlosigkeit und des Friedens. In Phase 2 lösen sie sich in der Selbstwahrnehmung von ihrem Körper – die »*out-of-body-experience*« – und nehmen eine Perspektive von außen, von oben auf ihren Körper ein. Das Ich, die »Seele«, erhebt sich. In Phase 3 beginnt er bzw. sie einen Flug durch einen Tunnel oder langen dunklen Raum. Erreicht das Nahtoderlebnis die Phase 4 (das ist in 16 Prozent aller Berichte der Fall), kommt es am Ende des Tunnels oder des dunklen Raums zu einer Begegnung mit einem sehr hellen Licht. Diese Begegnung wird schließlich in Phase 5 als Jenseitskontakt und umfassende Lebensrückschau erfahren. In den Wahrnehmungen von Phase 3 zu Phase 4 bewegt sich die Seele mit hoher Geschwindigkeit auf dieses außergewöhnlich helle Licht hin, ein Licht, so empfinden es die Menschen, voll überfließender Glückseligkeit und überströmender Liebe – es sind kaum Worte dafür zu finden. Sie möchten hinein. Ihre Sehnsucht, in dieses Licht einzutauchen, ist so groß, dass sie den Weg zurück, die Rückkehr in den Körper und in die Gegenwart irdischen Lebens als enttäuschend empfinden.

Der dritte Schritt nimmt die religiösen Traditionen auf: Das zeitlose Licht der Relativitätstheorie und der Quantenphysik, das Licht der Nahtoderfahrungen – hier fällt sofort die verblüffende Dualität mit der religiösen Sprache die

Ewigkeit betreffend auf: »In deinem Lichte sehen wir das Licht«, sagt zum Beispiel Psalm 36, dieser Text ist 2500 Jahre alt! Und der »erleuchtete« Rabbi aus Nazareth sagt: »Ich bin das Licht der Welt« (Johannesevangelium 8,12). Seit Jahrhunderten wünschen wir im Gebet den Verstorbenen: »Das ewige Licht leuchte ihnen.« Andere Religionen kennen eine ganz ähnliche Licht-Metaphorik.

Faszinierend!

Das Licht ist – physikalisch – ewig. Die »Seele« des Menschen und, so sagt Niemz, alles Lebendigen geht ins Licht.

Bis hierhin ist das viel Physik und zunächst einmal nur eine – allerdings starke – sprachliche Parallele zwischen Physik, Nahtoderfahrungen und Religion.

Im letzten, vierten Schritt nimmt Markolf H. Niemz Entscheidendes hinzu: Wenn das »Licht« die Erfüllung unseres Durstes bedeutet, wenn »Licht« das Wesen Gottes ist und in ihm die endgültige Heimstatt unserer Seelen, wenn »Licht« schließlich alles bedeutet, während alles sonst in Zeit vergeht: Warum sind wir dann überhaupt erst auf der Erde? Mit Mühsal, Plage, Trauer, Leid, Schmerz und Tod? *Wat soll dat?*

Niemz antwortet: Da das innerste Wesen Gottes, des Lichtes, die Liebe ist, haben wir die große Chance, in unserer Zeit, in der Materie, auf dieser Erde, eigene Erfahrungen des Lichtes und der Liebe zu sammeln. Wie ein Schatzsucher den Schatz im Acker. Diesen Schatz nehmen wir mit auf unsere je eigene Reise ins Licht und bereichern es damit. Gott, der die Liebe ist, ist niemals allein für sich das Licht. Er will, dass es sich ausbreitet, über und in alles leuchtet, dass es in jedem Menschen und in der gesamten Schöpfung leuchtet. Licht, das ist physikalisch und metaphorisch sein eindeutiges Wesen, verbreitet sich, versteckt sich nicht, begrenzt sich nicht. Und was ist das Licht? Liebe! In jeder Liebeserfahrung, in jeder Liebeshandlung gewinnen wir eine Ahnung vom Licht und verbreiten es. Genauso ist es mit dem Wissen, das Menschen über Jahrhunderte sammeln und erweitern und teilen. Und mit Wissen und Liebe erweitern und teilen sie das Licht Gottes, des Allwissenden, der Liebe ist. So bleibt die Vermehrung von Wissen und Liebe der Sinn eines jeden Lebens. Das Ziel ist deren Fülle und Erfüllung in Gott, des Lebens endgültiges Sein ist die Ewigkeit des Lichtes.

Der »erleuchtete« Rabbi aus Nazareth sagt: »Das ist mein Gebot, dass ihr einander liebt« (Johannesevangelium 15,12). Ein einziges Gebot! Keinen mehrbändigen Katechismus und kein Gesetzbuch! Er sagt: »Wie mich mein Vater liebt, so liebe ich euch. Bleibt in meiner Liebe!« (Joh 15,9) Gottes Licht leuchtet im Sohn und allen Menschen guten Willens: Das göttliche Licht verbreitet sich.

Und was ist Liebe? Nicht Kitsch, nicht banal, nicht flüchtiges Verliebtsein, nicht nur Sex, nicht Schlager, nicht Gefühlsduselei. Reinhard Mey erzählt in einem Lied von zwei Menschen, die sich lieben. Der eine von ihnen liegt offenbar im Sterben. Der andere ist bei ihm, hält seine Hand. Und erzählt ihm das Leben – ihr gemeinsames Leben – von Jugend an, manchmal lustig, manchmal traurig. Und das Wesentliche dieses gemeinsamen Lebens wird im Refrain des Liedes bestätigt:

Nein, ich lass' dich nicht allein
Ich sitze einfach hier
Ich bleibe hier bei dir
So lange, wie es dir gefällt
Ich habe alle Zeit der Welt
Ich muss nirgendwo pünktlich sein
Ich lass' dich nicht allein

Ich kram' die Fotoalben vor. Hier, sieh mal, das war vor zwölf Jahr'n
Da sind wir nach Saint-Jean gefahr'n
Und auch in Lourdes vorbeigekommen
Und von der Quelle mit dem Rummel, der dir jeden Glauben raubt
Hast du für Hans, der daran glaubt
Einen Kanister mitgenommen
Und als kurz vor Vic-Fezensac das Auto Kühlwasser verlor
Holtest du den Kanister vor
Um ihn andächtig aufzuschrauben
Dann fülltest du den Kühler auf, ich traute meinen Augen nicht
Doch seitdem ist der Kühler dicht!
Da soll man nicht an Wunder glauben?!

Nein, ich lass' dich nicht allein
Ich sitze einfach hier
Ich bleibe hier bei dir
So lange, wie es dir gefällt
Ich habe alle Zeit der Welt
Ich muss nirgendwo pünktlich sein
Ich lass' dich nicht allein

Ich hab' ihn noch, den alten Bus, Kassetten, voll das Handschuhfach!
Komm, wenn du willst, ich bin hellwach
Wir fahr'n die Nacht durch in den Morgen
Bis auf die Insel, bis ans Meer, wir haben Zeit genug
Bis fünf. Vorm ersten Autozug
Werd' ich uns zwei 'n Kaffee besorgen

Den großen Parkplatz überm Kliff ha'm wir den ganzen
Tag allein
Um diese Zeit ist da kein Schwein
Kommt dir kein Fremder mehr entgegen
Draußen vorm Fenster geht die See, der Sturm rüttelt an
unserm Karr'n
Hier drinnen haben wir es warm
Und auf das Dach trommelt der Regen

Nein, ich lass' dich nicht allein
Ich sitze einfach hier
Ich bleibe hier bei dir
So lange, wie es dir gefällt
Ich habe alle Zeit der Welt
Ich muss nirgendwo pünktlich sein
Ich lass' dich nicht allein[*]

Das ist Liebe: »Ich lass' dich nicht allein.« Der erleuchtete
Rabbi aus Nazareth sagt: »Ich bin bei euch alle Tage bis an
das Ende der Welt.« Das ist Liebe. In ihrem Licht wird unsere
Seele geborgen. Mehr Trost habe ich nicht für Sie. Ich meine jedoch: Es ist viel. Mehr braucht es nicht für ein Leben in
Ewigkeit.

Alles wird gut.

---

[*] Für das hier abgedruckte Lied und das Zitat auf der Widmungsseite:
    Musik & Text: Reinhard Mey © by edition reinhard mey GmbH